住まいも健康診断すれば長生きできる！

住宅医の
リフォーム読本

田中ナオミ 編

彰国社

編者 　田中ナオミ（田中ナオミアトリエ一級建築士事務所）

著者　　田中ナオミ（同上）
　　　　一般社団法人 住宅医協会
　　　　◎コラム 1～3　　滝口泰弘（滝口建築スタジオ）
　　　　◎第3章 事例1　　小山の改修（I邸）：三澤康彦（Ms建築設計事務所）
　　　　◎第3章 事例2　　カンマキの家：豊田保之（トヨダヤスシ建築設計事務所）
　　　　◎第3章 事例3　　奈良左京の家：船木絵里子（暮らしの設計ツキノオト）

装丁・デザイン　　髙橋克治

目次 | Contents

「リフォーム」という仕事の重要性　6

第1章　リフォームするときに押さえておきたい6つのポイント　15
リフォームではまず、どこに目標を据えるか　16
1　劣化対策　18
2　耐震性　21
3　維持管理・更新の容易性　38
4　省エネルギー性　39
5　バリアフリー　42
6　防耐火性　46

- column 1　つくる時代から活かす時代へ　48
- column 2　住宅医とは何か？　52

第2章　ここから始まる住宅医リフォームの実際　57
1　クライアント（住み手）にヒアリング（カウンセリング）する　59
2　詳細調査を行う　69
3　ヒアリング・詳細調査の結果をまとめて、報告書を作成する　89
4　問題点と改善点を整理し、プランニングと見積りをクライアントに提案する　104
5　リフォームの実際　115
6　T邸の完成　140

- column 3　木材もつくる時代から活かす時代へ　144

第3章　住宅医が手がけたリフォーム3事例　149
Case 1　世代を超えて住み継ぐための耐震補強、
　　　　身体に負担のないリフォームで住み心地の良さも実現〈小山の改修（I邸）〉　150

Case 2　築年数が浅くても使い勝手の良さを追求、
　　　　耐震・断熱の性能向上に努めた住まい〈カンマキの家〉　158

Case 3　寒い（断熱）・弱い（耐震）・動きにくい（使い勝手）、問題を
　　　　抱えた中古住宅を改修し、セカンドステージを楽しく過ごす〈奈良左京の家〉　166

はじめに

　私たち設計者は、クライアントから「リフォームしてほしい」という依頼を受けたとき、何を手がかりに動けばいいのか。細かいところまでの判断がつかず、最終的には予算の範囲内で要望を満たすことにのみ取り組むという選択、もしくは折り合いをつけることがありませんか？　むしろ、そういった流れは一般的でしょう。なぜなら、ひとまずはリフォームの目的は果たされるからです。

　でも、ここでいったん立ち止まって考えてみませんか。
　リフォームとは、既存の住宅を不都合があって改修することです。決して新築のような夢のある話でスタートするわけではありません。傷み、老築化による使い勝手の悪さ、家族の人数の変化などに何とか対応できないかという切実な願いであり、その後の人生を変えることになる大きなタイミングです。
　建築基準法という絶対的な縛りがないため、逆にきっかけがつかみにくい状況となっていますが、本来設計者は、クライアントの要望を十分に聞いた上で住宅の状況に対し、どこをどうリフォームすればいいのか最善の道を選ぶ視点・目標を持ち、それが予算からはみ出す場合、予算枠を広げてでも、実際にどこまでやれるのかをクライアントと交渉した上で要望以上の満足な住み心地を提案するという立場でありたいと考えています。
　せっかくクライアントからリフォームの相談を受けたのであれば、ただ見えるとこ

ろをきれいにするだけでなく、住宅の大事な構造部分、つまりインナーマッスルをきちんと整えることで長持ちする住宅をつくりたいですね。そしてそのためには、小手先ではないボリュームの仕事内容になります。費用もかかるでしょう。費用がかかる上での説明、説得も必要となります。そうすると今度は、そのための目標や基準という指針がほしくなります。とはいえ、ただの耐震強化で留まっているのではなく、それぞれの住み手の豊かな暮らしの背景をつくるという、クリエイティブな生業にしたいとも思います。

　私が属している住宅医協会では、これまでの状況を何とか変えたいという問題意識と強い信念で、毎年スクールを開催して啓蒙活動を行っています。国土交通省が推進している「長期優良住宅先導事業」で採択された平成20年の助成事業から、性能向上レベルの明確化、木造建築病理学・既存ドックシステムとして、既存住宅の改修工事を具体化するための性能基準目標値をまとめています。

　この本では、住宅設計者のひとりとして、また住宅医協会認定の住宅医として、目標や基準を活かしつつ行ったリフォーム事例をとおして、定めるべき目線を紹介していこうと思います。

田中ナオミ

(注) 住宅医の調査診断に用いられている評価方法や各種書式については、住宅医協会において、毎年改良されています。本書籍の記載事項は最新版と異なる場合もありますので、ご了承ください。

「リフォーム」という仕事の重要性

リフォームは新築とどう違うか

　クライアントからの依頼の際、「新築」にするのか「リフォーム」にするのか迷っています、と言われることがよくある。

　新築は、決められた敷地の中に、ゼロから新しいものを生み出すということ。どれだけの面積の家に、誰が、どう生活していくかを、クライアントの希望をうかがって、予算に見合った住まいをつくるものである。

　リフォームは、すでにそこで生活している、あるいは中古住宅を買ったクライアントから、その家の良いところ、不便なところ、そしてどのようにリフォームしたいかといった要望をヒアリングし、その上で検証しながら問題のある部分を直すことである。

リフォームは小手先の仕事ではない

　設計に優劣をつけるのはおかしいが、設計者の中には、リフォームという仕事が「女子供の仕事」とばかり、新築よりも格下に考えている人がいる。建築基準法に触れない範囲で「きれいにするだけの設計」「キッチンやバスルームを新しくする」といった設計がリフォームだという思い込みから、リフォームは「小手先の仕事」というイメージが定着してしまった傾向がある。設計料の算定も非常にしづらく、請求しにくい。新築では、設計者は総工事費の10％程度を設計料として見積もるので、動いた分の報酬を何

新築とリフォームの違い

ゼロから始まる新築工事

- ゼロから始めるので、自由に考えることができる
- 予算・条件によりひとつずつ詰めていくため、どんな形になるか未知数である
- 建て直す場合は、それまでの近隣環境を把握しているのでプランを立てやすいが、新しく土地を買った場合は調査のみの限られた情報しか知ることができない
- 建築基準法、地域条例、消防法などに準じて適宜検査を受けて進め、検査済をもって引渡しとなる

すでにある建物のリフォーム工事

- 既存の建築物を活かしながら直すため、構造、設備、規模、高さなどに一定程度の条件・制限がある
- すでに住んでいる住宅のリフォームは、住み慣れた住宅の場合、近隣環境、周囲の景色がわかる。中古住宅の場合も既存になるので、高さ、大きさなどのスケール感をイメージしやすい
- 何をどうしたいかがまずは決まっている
- 一定内のリフォームであれば、市区町村への申請も不要なため、指針のない無法地帯ともいえる

とか確保できるが、部分的なリフォームの工事費で算定した場合、設計料が工事費の50％以上になってしまったりして、成り立たないこともある。だから、割に合わない仕事、という認識になってしまう。しかしながら、世の中で空き家率が高まり（平成25年現在13.5％、820万戸。総務省調査）、耐震化がまだまだ遅れていて、生活を変えたいけれど一歩が踏み出せないでいる住み手がたくさんいる状況は、そのまま放置しておくわけにはいかない。

設計者がリフォームに携わる醍醐味。
「不満」を「満足」に変える答えはすでにある

　リフォームは、新築と違って建築基準法以外の規制の枠が多い。柱を動かせない、基礎を変えられないなど、新築のようにゼロから何をやってもいいわけではなく、一定の条件のもとで仕事を進める必要があり、一見、不自由で醍醐味がないように思える。

　では、リフォームに設計者が携わる醍醐味はどこにあるのか。それは、老朽化した家を直すだけでなく、クライアントの不満を満足に、あるいはそれ以上に変えることにある。設計・計画のノウハウを駆使してそれを形にすることである。

　住み手の大半は、実際に住んでいるということで、その土地の環境には詳しい。具体的には、風が抜ける気持ちの良い方向を知っている。台風や梅雨時などの水はけの状況もわかっていて、地形により、よく浸水する場所も知っている。近隣の音や生活状況もわかっている。四季を通じて庭やまわりの木々の様子にも詳しい。これらは住んでいる人が一番わかっていることであり、設計者にとって彼らへのヒアリングに勝る調査方法はないのである。そのヒアリングの中で「何が満足で何が不満なのか」

を聞き出して（カウンセリングして）解決（治癒）する。これがリフォームである。解決すればクライアントに「喜んでもらえる」という確実なゴールが見えている仕事で、実は言い方を換えると、「すでに喜ばれる答えが用意されている」設計なのである。

　リフォームが新築と違うところは、ある一定の枠組みがあるということ。ゼロから考えるのではなく、限られた条件のもとで答えを解決していくこととなる。その「たが」がかえって面白い解決策になる。柱が抜けない（外せない）、広さを変えられない、水まわりを動かすわけにはいかないなど、守らなければならない条件が出てくる。何をつくってもいいという新築と違って、これ以上手を加えるとリフォームではなく新築扱いとなり、手続きも費用もかかりますよ、というクライアントへの「言い訳」もできるし、逆に設計者の度量を試される場所にもなる。難しい条件ほど、乗り越えたときの達成感が住み手や作り手と共有できて、チームワークの楽しさを味わえるのだ。

　では、リフォームを考える場合、どういったクライアントの事情があるだろうか。

必要に迫られた現実的な理由が大半

　リフォームにあたってクライアントが気にしていることは、これまでの経験上、予算に対する怯えである（①）。大抵のクライアントは潤沢に予算があるわけではないので、なるべく安価に自分の要望を叶えたいと思っている。そのためには新築するよりもリフォームで済ませたほうが安価に抑えられると思っている。内容によるが、リフォームのほうが時間も短くて済むと思っていることが多い。部分的な直し程度であれば、もちろん新築よりも短期で目的は達成される（②）。その流れでいうと、台所だけ、風呂だ

リフォームのおもな理由

○家族の変化（人数の増減）
○生活の変化（高齢化や使い勝手）
○建物の老朽化（雨漏りなどの老朽化と設備の劣化）
○体感の変化（暑い・寒い）
○環境の変化（近隣など周囲の変化）
○中古住宅を購入
○自分たちらしくカスタマイズしたい

⇩

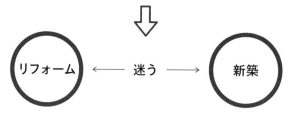

安価に抑えられるのではないか ←------ 価格① ------→ 高くはなるのではないか
短期でできるのではないか ←------ スケジュール② ------→ 時間がかかるのではないか
簡単に済むのではないか ←------ 内容③ ------→ 大げさな工事になる

結果、リフォームしか方法（選択）がない場合

○家族の変化（人数の増減）
○愛着がある（価値・歴史・材料の質）④
○法規上同じもの（規模）は建てられない⑤
○部分的に直すだけでいい⑥
○新築するほどの費用を考えていない⑦
○時間がない⑧
○不満はあるが築年数が浅くもったいない⑨

けといった部分的な直ししか考えていない（③）という例も多い。

　はじめから新築かリフォームかを迷っているような、大規模に変化させることを想定している場合は、状況に応じてどちらかの選択をすることになる。

　その結果、リフォームしか方法がない（考えていない）という場合がある。一番理想なのは現在の住まいに愛着があって、直す方向で住み継いでいきたいと思っている人たち。住宅に歴史的な価値があったり、同じような材料は壊したら二度と手に入らないような普請がされている建築物であること（④）。それから、建築基準法上もしくは土地の条件で建て替えるのが困難である、という場合も多い。建て替えると同じ条件（広さ、大きさ）のものは建てられない。建築基準法は毎年変わっていて、おおむね厳しくなっていく。現状で建っている建築物は、現行法規では既存不適格建築物であって、是正するには困難な条件がたくさんあるという場合（近隣を巻き込むことになり自分だけではどうにもならない）（⑤）。次に、部分的に直すだけでいい、費用も時間も大して考えていない、という相談。こういった場合でも気をつけなければならないのは、設計者として関わる際に、「部分的」の範囲がどこまでか、また部分的でいいかどうかの判断も含めて（腐朽箇所や耐震等問題がある場合）費用やスケジュールの提案をする必要がある（⑥⑦⑧）。そして築年数が浅く、壊すにはもったいないが不満があってリフォームしたいという場合（⑨）。

　ひと言でリフォームといっても、さまざまな事情が発生する。そして、それをあぶり出して解決する力が設計者には必要である。

リフォーム工事　代表的な3ケースのフローチャート

部分的なリフォーム
高齢・身体不自由による支障時

→ ○耐震が心配
○高齢化して生活に支障がある

→ ○誰に相談したらよいのかわからないので市区町村窓口へ
○公報で相談窓口を見た、補助金、助成金の存在を知った

上記の流れには、設計料を頂いて関係する余地はほとんどなく、
市区町村登録設計者が耐震診断し、工務店が耐震工事、バリアフリー工事をする程度

大規模になることを想定しているリフォーム
家族が減る or 増える
設備を変える
耐震など

→ ○耐震劣化の心配
○高齢化への備え
○生活環境の不満解消をきっかけに行うつもりのリフォーム

→ 設計事務所に相談（工務店）

住宅医の登場！

大規模に手を入れて住み継ぐ覚悟のリフォーム
家族が減る or 増える
設備を変える
耐震 など

→ 住み手への設計者によるカウンセリング（1～2人）

補助金の助成制度、税金優遇などの活用をアドバイスすることで、詳細調査の費用を捻出することもある

→ 建物詳細調査（10人～）
※第2章参照

6チームに分かれて調査
・採寸（図面作成のため）調査
・仕上げ（仕様確認のため）調査
・劣化（腐朽）調査
・設備調査
・床下調査
・小屋裏（天井裏）調査

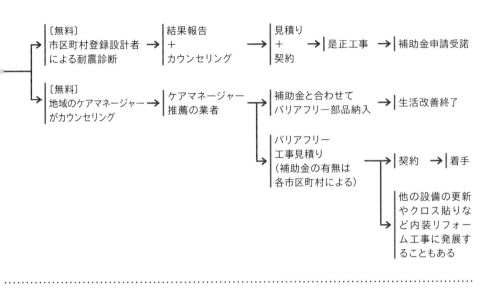

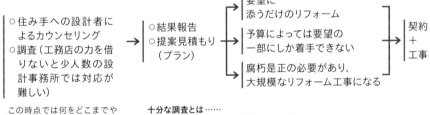

この時点では何をどこまでやるのか不明なため、**十分な調査**ができないことが多い
※予算が不明
　内容が不明

十分な調査とは……
○穴をあけたり居室の床や壁をはがして見る
○床下収納庫、点検口があれば外して床にもぐる
○2階押入の天板ベニヤを外して小屋裏を覗く
○地盤調査

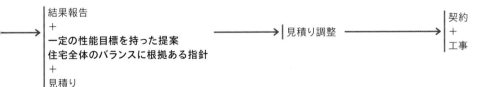

※リフォーム工事は、早い段階で構造設計者や施工者とチームを組む必要がある
　施工方法なども、予算内で収まるように相談しながら計画を練ることになる

第1章

リフォームするときに押さえておきたい6つのポイント

(注)この本を読み進める上で、次の書籍は必要となりますので必ず揃えてください。
文中では、これらの文献を参照してほしい旨を記載し、詳細の記述を省略しています。

出典①『木造住宅のための住宅性能表示』(日本住宅・木材技術センター企画・発行)
出典②『木造住宅の耐震診断と補強方法』(国土交通省監修、日本建築防災協会発行)

リフォームではまず、どこに目標を据えるか

　住宅医協会では、目標をわかりやすく共有するために、既存住宅の立地状況や改修の履歴などの情報を併せて、国の住宅性能表示制度や長期優良住宅認定制度の基準を参考に、もっとも重要と思われる6つのモノサシを用いて、既存住宅の状況や性能を総合的に評価できるように目標を設定・更新している（名称が異なる場合もあるが、枠組みに大きな差はない）。

1　劣化対策
2　耐震性
3　維持管理・更新の容易性
4　省エネルギー性
5　バリアフリー
6　防耐火性

　1～6において、そのなかでも絶対に守らなければならない「必須項目」、なるべく盛り込みたい「努力項目」をつくり、設計者には取り組みやすさ、住み手にとっては必要なレベルを確保して広く普及しやすい基準とした。

住宅性能表示制度とは
　住宅性能表示制度とは、平成12年4月1日に施行された「住宅の品質確保の促進等に関する法律（品確法）」に基づく制度。欠陥住宅が社会問題となった時期に良質な住宅を安心して取得できる市場を形成するためにつくられた制度で、新築住宅の基本構造部分の担保責任期間の10年間義務化、住宅の性能を表示する「住宅性能表示制度」の設定、トラブルを迅速に解決する指定住宅紛争処理機関の整備が実施された。
　「住宅性能表示制度」は、①耐震性能、②火災時の安全性、③劣化対策、④維持管理・更新の容易性、⑤省エネルギー、⑥空気環境、⑦光・視環境、⑧音環境、⑨バリアフリー、⑩防犯、という10分野（既存住宅の場合は7分野）の住宅の性能を表示している。

長期優良住宅とは
　長期優良住宅とは、平成21年6月4日に施行された「長期優良住宅の普及の促進に関する法律」に基づく制度。住宅の量の確保から質の向上へと転換している住宅政策の中で、長期にわたって使用可能な質の高い住宅ストックを形成するためにつくられた制度で、一定の基準を満たした長期優良住宅は、所管行政庁（都道府県知事または市町村長）が認定し、税制面での優遇などを受けられるようになっている。
　長期優良住宅認定では、劣化対策、耐震性、維持管理・更新の容易性、可変性、省エネルギー対策、高齢者対策、住戸面積、居住環境、維持保全計画、の9つの認定項目がある。

リフォームを行うにあたっては、まず目標を持つこと！
ひとつずつ確実に押さえれば、決して難しいコトではない。

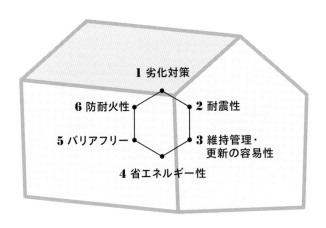

1 劣化対策
2 耐震性
3 維持管理・更新の容易性
4 省エネルギー性
5 バリアフリー
6 防耐火性

クライアントの要望のほかに、
住宅にはやらなければいけないことがある。

それを提案して実際に取り組めるか
どうかで結果が変わってしまう。

きれいにするだけ
一見きれいにはなるが、使い勝手の悪さが目立ち、長持ちしない家になるおそれがある！？

構造部分＝インナーマッスルを整える
丈夫で長持ちし、使い勝手の良い家を手に入れることができる！！

リフォームの大切な柱、6つのモノサシを確保することの意味
住宅と住み手は、時間が経つにつれ、状態が変化していく。その変化は多岐にわたる。住宅の性能を回復させ、住み手のニーズにも配慮することが重要

第1章 ◇ リフォームするときに押さえておきたい6つのポイント

1 劣化対策

木材の腐朽など、建物の劣化防止に対する基準

[必須項目]

〔1〕壁の劣化低減係数Cdw=1.0、柱の劣化低減係数Cdw=1.0を満たす

　これは、土台、横架材、柱、筋交い、構造面材の劣化はすべて補修するということである。出典②の耐震基準としての方針は、まずこのレベルから確保することが必要となる。

　たとえば、腐朽蟻害がなく、劣化があると目視された部分があった場合でも、ドライバーなどを刺して表面が傷つく程度であれば、劣化低減係数1.0というレベルだと判断する。

〔2〕床下の防湿・換気の基準
①浴室・脱衣室の防水の基準

　浴室の軸組等・床組等・天井、脱衣室の軸組等・床組に防水上有効な措置がされていること。

○ 防水上有効な措置というのは、浴室の場合は一般的なユニットバス、FRP防水など在来工法に施す仕上げを考えればよい。脱衣室の仕上げとしては、継目がなく防水性のある仕上げ材を使用するか、もしくは継目が出る場合には、耐水性のある下地の上に仕上げをするなどして軸組に水が回らないように配慮する。

②床下の防湿・換気の基準

　地面からの湿気を防ぐために防湿コンクリートなどの処置がされており、かつ床下に換気口が有効に設けられていること。

○ A 基礎断熱工法の場合（換気口を設けない場合）
1. 床下に100mm以上のコンクリートを打設する。
2. 0.1mm以上の防湿フィルムを300mm以上重ねて、50mm以上のコンクリートで押さえる。
3. 前記1、2と同等の性能を確保できると確かめられた場合は、換気口はなくてもよい。

○B 基礎断熱工法以外の場合
1. 床下に60mm以上のコンクリートを打設する。
2. 0.1mm以上の防湿フィルムを敷いて覆う。
3. 前記1、2と同等以上の効果が確かめられる方法が他にある場合。

○換気口の基準(基礎断熱でAの基準を満たしたものは換気口不要)
1. 外壁の4mごとに300cm²以上の換気口。
2. ゴムパッキンなどを咬ませて(ネコ土台)、1mあたり75cm²以上の換気口
3. 前記1、2と同等以上の効果が確かめられる方法が他にある場合。

③小屋裏換気
小屋裏に発生する湿気を除くために換気口が有効に設けられていること。

〔3〕小屋裏換気
床下空間ごとに点検口を設置すること。
小屋裏空間ごとに点検口を設置すること。
床下空間の有効高さを330mm以上確保する。

[努力項目]

住宅性能表示「劣化対策」等級3の基準を満たす。

〔1〕外壁の軸組等の防腐・防蟻
下記の①〜③のいずれかの措置をとる。
薬剤の措置は少なくとも地盤面から1m以上の高さまで塗布する。
①外壁を通気構造にする。
②-1　柱・柱以外の軸材下地材
　　　集成材を使うか、薬剤の処理をする。
　　　JASの規定する耐久性区分D1の樹種を使う。
　　　小径が12cm以上の製材を使う。
②-2　構造用合板を使用し、薬剤処理をする。
③K3相当の薬剤処理など、前記①②と同等と確かめられた他の措置を講ずる。

〔2〕土台の防腐、防蟻
　土台に接する外壁の下端に水切りを設け、土台に檜などの樹種を用いる。もしくは土台に防蟻処理をする。

〔3〕地盤の防蟻
　下記の①〜③のいずれかの措置をとる。
①鉄筋コンクリートのべた基礎にするか、布基礎の場合防湿コンクリートを内周の地盤面上に鉄筋で一体にして打設する。
②防蟻に有効な土壌処理を施す。
　布基礎もしくは束石等基礎の場合（ベタ基礎は除く）周囲20cmの基準
③シロアリ防止のシートなど、前記①②と同等と確かめられた他の措置を講ずる。

〔4〕基礎の高さ
　４００mm以上とする。

2 耐震性

耐震性能を満たすための構造基準

[必須項目]

〔1〕上部構造評点1.0以上を満たす

　これは出典②における一般診断法による上部構造評点の判定で、1.0以上を確保する。判定としては「一応倒壊しない」という枠組みに入る。

※上部構造評点は、外力に対する保有する耐力の安全性に相当し、一般診断は大地震での倒壊の可能性についての診断と位置付けているため、評点1.0未満の場合には、大地震時に建物の安全限界変形角を超えて倒壊の可能性があることを表す。

〔2〕建築基準法と同等の耐震性能を確保する

　建築基準法上の壁量計算をして、床面積、見付け面積および4分割した床面積での軸組の検討を行う。ただし、基礎および柱端部の柱頭・柱脚接合部については、建築基準法の仕様を満たさない場合があり、その場合は出典②の低減係数を用いて壁量計算等の構造計算を行う。診断方法は、出典②による。

　耐震診断に伴う耐力の計算などは、構造事務所にいつも依頼している設計者には敬遠されそうな内容であり、わかりにくいかもしれないが、ひとつずつ押さえていけば決して難しいことではない。さらに、耐震性能を世の中に普及させるための最低ラインだというレベルなので、まずはひととおり計算してみよう。

　方法は伝統的工法の建築か、壁をおもな耐震要素とした住宅かで分かれるが、圧倒的に多いであろう後者の場合、次の調査・診断をする必要がある。次に、①〜⑦の診断表を紹介する。

①地盤・基礎がどうなっているのか診断する。
②上部構造がどうなっているのか調べる。
③その上で、上部構造の必要耐力を算定する。
④保有する耐力を算定する。
⑤耐力要素の配置等による低減係数を出す。
⑥劣化度による低減係数を出す。
⑦前記に基づいて上部構造評点が算出される。

現況（調査時）

2012年版　木造住宅の耐震診断と補強方法

「一般診断法」による診断表

（平屋・2階建て用／方法1*）

編集　一般財団法人　日本建築防災協会

*方法1とは、在来軸組構法や枠組壁工法など、壁を主な耐震要素とする住宅が対象の診断方法を指します。

1. 建物概要　※[ ]内については該当するものに○印

①建物名称　　：　T邸

②所在地　　　：　東京都○○区○○ X-X-X

③竣工年　　　：19 62 年　［明治・大正・(昭和)・平成］ 37 年
　　　　　　　：［ 築10年未満 ・ (築10年以上) ］

④建物仕様　　：屋根仕様　鉄板　壁仕様　モルタル+土居壁(外) PB+しっくい(内)
　　　　　　　　［ (軽い建物) ・ 重い建物 ・ 非常に重い建物 ］

⑤地域係数　Z　：［ (1.0)・0.9・0.8・0.7 ］

⑥軟弱地盤割増：［ 1.5・(1.0) ］

⑦形状割増係数：　階　短辺の長さ 3.016 m　(1.13)(4.0m未満の場合)・1.0 (4.0m以上の場合)］

⑧積雪深さ　　：なし m　積雪割増：　Z

⑨基礎形式　　：　　　　　　　　　　［ Ⅰ ・ Ⅱ ・ (Ⅲ) ］

⑩床仕様　　　：　　　　　　　　　　［ Ⅰ ・ Ⅱ ・ (Ⅲ) ］

本診断表の収録内容の無断複写・複製・転写等を禁じます。

①、②耐震診断法で必要となる資料「一般診断法」による診断表
▶T邸は、基礎や土台もなく、床仕様も剛性が見込めない住宅だった

必要レベル(調査後)

2012年版　木造住宅の耐震診断と補強方法

「一般診断法」による診断表

(平屋・2階建て用/方法1*)

編集　一般財団法人　日本建築防災協会

*方法1とは、在来軸組構法や枠組壁工法など、壁を主な耐震要素とする住宅が対象の診断方法を指します。

1. 建物概要　※[ ]内については該当するものに〇印

①建物名称	： T邸
②所在地	： 東京都〇〇区〇〇 ×-×-×
③竣工年	： 19 62 年　[明治・大正・(昭和)・平成] 37 年 ： [築10年未満 ・ (築10年以上)]
④建物仕様	： 屋根仕様　　　壁仕様 [(軽い建物) ・ 重い建物 ・ 非常に重い建物]
⑤地域係数 Z	： [(1.0) 0.9・0.8・0.7]
⑥軟弱地盤割増	： [1.5 ・(1.0)]
⑦形状割増係数	： 階　短辺の長さ 3.016 m　[(1.13)(4.0m未満の場合)・1.0(4.0m以上の場合)]
⑧積雪深さ	： なし m　積雪割増： Z
⑨基礎形式	： 新規鉄筋コンクリートベタ基礎 [(I) ・ II ・ III]
⑩床仕様	： 構造用合板 24mm [(I) ・ II ・ III]

本診断表の収録内容の無断複写・複製・転写等を禁じます。

①、②耐震診断法で必要となる資料「一般診断法」による診断表
▶基礎や床仕様がベタ基礎や構造用合板で剛性をとる方法に変わった

現況(調査時)

2. 壁配置図と1/4分割

平面上の壁の位置・仕様を壁配置図に記入します。併せて、柱頭・柱脚の接合部の仕様も記入します。
2階が部分的に乗っている場合は、その外形を1階の壁配置図上に斜線で示します。
次に、X方向の検討用に、Y方向の最外周から1/4内側に入った位置に線を引き領域a・bを設定、同じく
Y方向の検討用に、X方向の最外周から1/4内側に入った位置に線を引き領域イ・ロを設定します。

【各階の床面積】

| 1階 | 25.04 ㎡ | 2階 | 24.68 ㎡ |

【1階壁配置図】

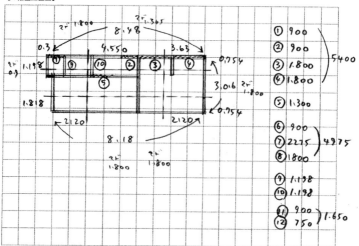

【1階の各領域の面積】

| 領域a (1階) | 6.40 ㎡ | 領域イ (1階) | 6.76 ㎡ |
| 領域b (1階) | 6.17 ㎡ | 領域ロ (1階) | 6.40 ㎡ |

※例 各領域の考え方(極太線部はその領域内の壁)
1/4の線上に壁が存在するような場合には、当該壁の中心線が側端部分(線上を含む)
に含まれていれば算入し、そうでなければ算入しない。

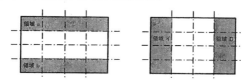

③上部構造の耐力を算定する(1F)
▶内側には耐力はほとんどない状態であった。耐力があると想定している部分も金物などでつながれていないため、力が伝わっていない

必要レベル（調査後）

2．壁配置図と1／4分割

平面上の壁の位置・仕様を壁配置図に記入します。併せて、柱頭・柱脚の接合部の仕様も記入します。
2階が部分的に乗っている場合は、その外形を1階の壁配置図上に斜線で示します。
次に、X方向の検討用に、Y方向の最外周から1／4内側に入った位置に線を引き領域a・bを設定、同じく
Y方向の検討用に、X方向の最外周から1／4内側に入った位置に線を引き領域イ・ロを設定します。

【各階の床面積】
| 1階 | 25.04 ㎡ | 2階 | 24.68 ㎡ |

【1階壁配置図】

1F床面積×0.29
7.27＜ⒶⒷ
2F床面積×0.15
3.702＜ⒸⒹ

① 606×2.5×1＝2.121
② 730×2.5×2＝3.65
③ 1500×1＝1.5
④ 730×2＝1.46
⑤ 730×2.5×1＝2.335
⑥ 909×2.5×1＝3.1815
⑦ 606×2.5×1＝3.636 ÷2
　　　　　　　　　 18.10 Ⓐ
⑧ 0.909×2.5＝2.2725
⑨ 0.909×2.5＝2.2725
⑩ 0.909×2.5＝2.2725
⑪ 0.909×2.5＝2.2725
　　　　　　　 9.09 Ⓑ

見附面積
Ⓧ 3.016×3.95＝11.92
　 ×0.5＝5.96＜9.09
Ⓨ (3.95+(3.95+0.8))×
　　4.09＝35.65
　 0.8+(0.3+0.8)×0.3×½
　 ＝3.85×0.5＝0.285
　 17.97＜18.10

【1階の各領域の面積】
| 領域a（1階） | 6.4 ㎡ | 領域イ（1階） | 5.85 ㎡ |
| 領域b（1階） | 6.17 ㎡ | 領域ロ（1階） | 6.4 ㎡ |

※例　各領域の考え方（極太線部はその領域内の壁）
1／4の線上に壁が存在するような場合には、当該壁の中心線が側端部分（線上を含む）
に含まれていれば算入し、そうでなければ算入しない。

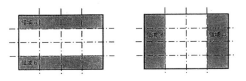

③保有する耐力を算定する（1F）

▶建築基準法による耐震性能も確保するように、X・Y方向それぞれにバランス良く耐力を配置していった

現況（調査時）

※柱頭・柱脚の仕様

I	平成12年建設省告示第1460号に適合する仕様
II	羽子板ボルト、山形プレートVP、かど金物CP-T・CP-L、込み栓
III	ほぞ差し、釘打ち、かすがい等（構面の両端が通し柱の場合）
IV	ほぞ差し、釘打ち、かすがい等

【2階壁配置図】

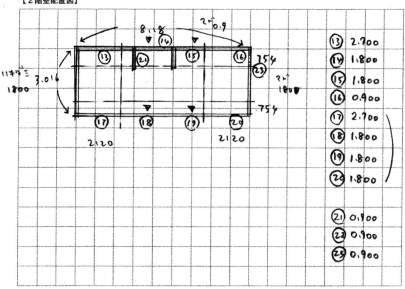

【2階の各領域の面積】

領域a（2階）	6.17 ㎡	領域イ（2階）	6.40 ㎡
領域b（2階）	6.17 ㎡	領域ロ（2階）	6.40 ㎡

※例　階数の考え方（階数については建物全体の階数ではなく、当該部分毎に取り扱う）

③耐力要素の配置、偏心を算定する
▶南側X方向は開口しかなく、バランスが悪く偏っている

必要レベル（調査後）

※柱頭・柱脚の仕様

Ⅰ	平成12年建設省告示第1460号に適合する仕様
Ⅱ	羽子板ボルト、山形プレートVP、かど金物CP-T・CP-L、込み栓
Ⅲ	ほぞ差し、釘打ち、かすがい等（構面の両端が通し柱の場合）
Ⅳ	ほぞ差し、釘打ち、かすがい等

【2階壁配置図】

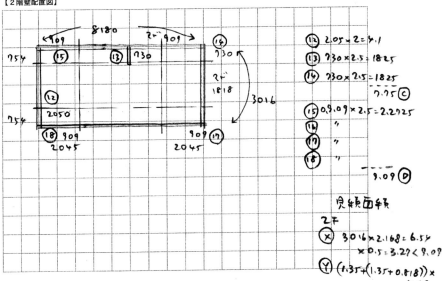

【2階の各領域の面積】

領域a（2階）	6.17 ㎡	領域イ（2階）	6.17 ㎡
領域b（2階）	6.17 ㎡	領域ロ（2階）	6.17 ㎡

※例　階数の考え方（階数については建物全体の階数ではなく、当該部分毎に取り扱う）

④保有する耐力を算定する（2F）
▶建築基準法による耐震性能も確保するように、X・Y方向それぞれにバランス良く耐力を配置していった

現況（調査時）

3. 必要耐力の算出

	床面積 (㎡)		床面積当たりの必要耐力※ (kN/㎡)		積雪用必要耐力※ (kN/㎡)		地域係数 Z		軟弱地盤割増係数		形状割増係数		必要耐力 Q_r (kN)
2階	24.68	×(	0.37	+		)×		×		×	1.13	=	$_2Q_r$ 10.32
1階	25.04	×(	0.83	+		)×		×		×	1.13	=	$_1Q_r$ 23.49

※ここでは、地域係数Zを乗じる前の数値のみ記入してください。

4. 領域毎の必要耐力の算出（耐力要素の配置等による低減係数算出用）

			床面積 (㎡)		床面積当たりの必要耐力※ (kN/㎡)		積雪用必要耐力※ (kN/㎡)		地域係数 Z		軟弱地盤割増係数		形状割増係数		必要耐力 Q_r (kN)
X方向	領域a	2階	6.17	×(	0.37	+		)×		×		×	1.13	=	$_2Q_{ra}$ 2.58
		1階	6.40	×(	0.83	+		)×		×		×	1.13	=	$_1Q_{ra}$ 6.00
	領域b	2階	6.17	×(	0.37	+		)×		×		×	1.13	=	$_2Q_{rb}$ 2.58
		1階	6.17	×(	0.83	+		)×		×		×	1.13	=	$_1Q_{rb}$ 5.79
Y方向	領域イ	2階	6.40	×(	0.37	+		)×		×		×	1.13	=	$_2Q_{rイ}$ 2.68
		1階	6.76	×(	0.83	+		)×		×		×	1.13	=	$_1Q_{rイ}$ 6.34
	領域ロ	2階	6.40	×(	0.37	+		)×		×		×	1.13	=	$_2Q_{rロ}$ 2.68
		1階	6.40	×(	0.83	+		)×		×		×	1.13	=	$_1Q_{rロ}$ 6.00

※ここでは、地域係数Zを乗じる前の数値のみ記入してください。

③必要耐力を算定する
▶平面図に落とし込んできた数値を並べていく

必要レベル（調査後）

3．必要耐力の算出

	床面積 (㎡)	床面積 当たりの 必要耐力※ (kN/㎡)		積雪用 必要耐力 ※ (kN/㎡)		地域 係数 Z		軟弱地盤 割増係数		形状割増 係数		必要耐力 Q_r (kN)
2階	24.68	×(0.37	+	)	×		×		×	1.13	=	$_2Q_r$ 10.32
1階	25.04	×(0.83	+	)	×		×		×		=	$_1Q_r$ 23.49

※ここでは、地域係数Zを乗じる前の数値のみ記入してください。

4．領域毎の必要耐力の算出（耐力要素の配置等による低減係数算出用）

			床面積 (㎡)		床面積 当たりの 必要耐力※ (kN/㎡)		積雪用 必要耐力 ※ (kN/㎡)		地域 係数 Z		軟弱地盤 割増係数		形状割増 係数		必要耐力 Q_r (kN)
X方向	領域a	2階	6.17	×(	0.37	+		) ×		×		×	1.13	=	$_2Q_{ra}$ 2.58
		1階	6.40	×(	0.83	+		) ×		×		×		=	$_1Q_{ra}$ 6.00
	領域b	2階	6.17	×(	0.37	+		) ×		×		×		=	$_2Q_{rb}$ 2.58
		1階	6.17	×(	0.83	+		) ×		×		×		=	$_1Q_{rb}$ 5.79
Y方向	領域イ	2階	6.17	×(	0.37	+		) ×		×		×	1.13	=	$_2Q_{rイ}$ 2.58
		1階	5.85	×(	0.83	+		) ×		×		×		=	$_1Q_{rイ}$ 5.49
	領域ロ	2階	6.17	×(	0.37	+		) ×		×		×		=	$_2Q_{rロ}$ 2.58
		1階	6.40	×(	0.83	+		) ×		×		×		=	$_1Q_{rロ}$ 6.00

※ここでは、地域係数Zを乗じる前の数値のみ記入してください。

④保有耐力を算定する
▶平面図にバランス良く入れた耐力の結果を落とし込んでいく

現況（調査時）

5．壁の耐力の算出

【1階】

方向	領域	壁仕様	Fw (kN/m)	ΣFw (kN/m)		Kj		L (m)		Qwi (kN)	Qw=ΣQwi (kN)	Qei (kN)	Qe=ΣQei (kN)	Qu=Qw+Qe (kN)
X方向	領域a	土壁50mm未	2.4	2.4	×	0.8	×	5.4	=	10.368				
		PBt12	1.1	1.1	×	0.8	×	5.4	=	4.752	15.12			
		窓型開口	0.6		×		×	3.165	=			1.899		¡Qua
		掃き出し型開口	0.3		×		×		=				1.899	17.019
	中央部の領域	PBt12.5	1.1	1.1	×	1	×	1.3	=	1.43	1.43			
					×		×		=					
		窓型開口	0.6		×		×		=					
		掃き出し型開口	0.3		×		×		=					1.43
	領域b	土壁50糎	2.4	2.4	×	0.8	×	4.975	=	9.552				
		PBt12.5	1.1	1.1	×	0.8	×	4.975	=	4.378	13.93			
		窓型開口	0.6		×		×	3.600	=			2.16		¡Qub
		掃き出し型開口	0.3		×		×		=				2.16	16.09
											¡Qux=Qw+Qe			34.539
Y方向	領域イ	PBt12.5	1.1	1.1	×	1	×	1.198	=	1.32	1.32			
					×		×		=					
					×		×		=					
		窓型開口	0.6		×		×	0.9	=			0.54		¡Quイ
		掃き出し型開口	0.3		×		×		=				0.54	1.86
	中央部の領域	PBt12.5	1.1	1.1	×	1	×	1.198	=	1.32	1.32			
					×		×		=					
		窓型開口	0.6		×		×		=					
		掃き出し型開口	0.3		×		×		=				1.32	1.32
	領域ロ	PBt12.5	1.1	1.1	×	1	×	0.9	=	0.99				
		土壁50糎	2.4	2.4	×	0.8	×	0.75	=	1.44	3.09			
		PB12.5	1.1	1.1	×	0.8	×	0.75	=	0.66				
		窓型開口	0.6		×		×	1.8	=			1.08		¡Quロ
		掃き出し型開口	0.3		×		×		=				1.08	4.17
											¡Quy=Qw+Qe			7.35

③必要耐力を算定する（1F）

▶現状の数値をそれぞれ記入していく。間口も狭いので、X方向に比べてY方向の数値が非常に低い

必要レベル（調査後）

5. 壁の耐力の算出
【1階】

		壁仕様	Fw (kN/m)	ΣFw (kN/m)		Kj		L (m)		Qwi (kN)	Qw=ΣQwi (kN)	Qei (kN)	Qe=ΣQei (kN)	Qu=Qw+Qe (kN)	
X方向	領域a	PBt12.5	1.1	1.1	×	1	×	1.818	=	1.99	18.91				11.44
		構造用合板	5.2	5.2	×	1	×	1.818	=	9.45					
		サイディング	1.3	1.3	×	1	×	5753	=	7.47					
		窓型開口	0.6			×			2727	=			1.63	1.63	iQua 20.54	13.07
		掃き出し型開口	0.3			×				=			−			
	中央部の領域				×		×								
		窓型開口	0.6			×										
		掃き出し型開口	0.3			×										
	領域b	PBt12.5	1.1	1.1	×	1	×	1.818	=	1.99	18.91				11.44
		構造用合板	5.2	5.2	×	1	×	1.818	=	9.45					
		サイディング	1.3	1.3	×	1	×	5453	=	7.47					
		窓型開口	0.6			×			2727	=			1.63	1.63	iQub 20.54	13.07
		掃き出し型開口	0.3			×				=			−			
													iQux=Qw+Qe	41.08	26.14

		壁仕様	Fw (kN/m)	ΣFw (kN/m)		Kj		L (m)		Qwi (kN)	Qw=ΣQwi (kN)	Qei (kN)	Qe=ΣQei (kN)	Qu=Qw+Qe (kN)	
Y方向	領域イ	PBt12.5	1.1	1.1	×	1	×	2121	=	2.33	15.31				13.35
		構造用合板	5.2	5.2	×	1	×	2121	=	11.02					
		サイディング	1.3	1.3	×	1	×	1515	=	1.96					
		窓型開口	0.6			×			909	=			0.54	0.81	iQuィ 16.12	14.16
		掃き出し型開口	0.3			×			909	=			0.27			
	中央部の領域	構造用合板	5.2	5.2	×	1	×	0.73	=	3.796	5.446				
		PBt12.5	1.1	1.1	×	1	×	1500	=	1.65					
		窓型開口	0.6			×							−		5.446	
		掃き出し型開口	0.3			×							−			
	領域ロ	構造用合板	5.2	5.2	×	1	×	0.73	=	3.796	6.351				5.402
		PBt12.5	1.1	1.1	×	1	×	0.73 / 0.73	=	1.606					
		サイディング	1.3	1.3	×	1	×	0.73	=	0.949					
		窓型開口	0.6			×			1818	=			1.09	1.09	iQuロ 7.441	6.492
		掃き出し型開口	0.3			×										
													iQuy=Qw+Qe	29.007	26.09

※ 一応 サイディング 未張えでの計算

④保有耐力を算定する（1F）
▶設計で耐力を確保した数値を階ごとに表で確かめ、X・Y方向のバランスを整えていく

現況（調査時）

【2階】

		壁仕様	Fw (kN/m)	ΣFw (kN/m)		Kj		L (m)		Qwi (kN)	Qw=ΣQwi (kN)	Qei (kN)	Qe=ΣQei (kN)	Qu=Qw+Qe (kN)
X方向	領域a	合板	0.9	0.9	×	0.7	×	3.6	=	2.268	5.418			
		筋交15×90	1.6	1.6	×	0.35	×	3.6	=	2.016				
		合板	0.9	0.9	×	0.35	×	3.6	=	1.134				
		窓型開口	0.6		×		×	0.9	=			0.54	0.54	₂Qub 5.958
		掃き出し型開口	0.3		×		×		=			—		
	中央部の領域				×		×		=					
					×		×		=					
		窓型開口	0.6		×		×		=					
		掃き出し型開口	0.3		×		×		=					
	領域b	合板	0.9	0.9	×	0.7	×	2.7	=	17.01	22.74			
		筋交15×9+合板	1.6/0.9	2.15	×	0.35	×	1.8	=	1.575				
		土壁+合板	2.4	3.3	×	0.7	×	1.8	=	4.158				
		窓型開口	0.6		×		×		=			—		₂Qub 22.74
		掃き出し型開口	0.3		×		×		=			—		
													₂Qux=Qw+Qe	28.70

		壁仕様	Fw (kN/m)	ΣFw (kN/m)		Kj		L (m)		Qwi (kN)	Qw=ΣQwi (kN)	Qei (kN)	Qe=ΣQei (kN)	Qu=Qw+Qe (kN)
Y方向	領域イ				×		×		=					
					×		×		=					
		窓型開口	0.6		×		×		=			—	0.54	₂Quイ 0.54
		掃き出し型開口	0.3		×		×	1.8	=			0.54		
	中央部の領域	土壁80㎜末	2.4	2.4	×	0.7	×	0.9	=	1.512	1.512			
					×		×		=					
		窓型開口	0.6		×		×		=			—	—	1.512
		掃き出し型開口	0.3		×		×		=					
	領域ロ	土壁	2.4	2.4	×	0.7	×	0.9	=	1.512	1.512			
		合板			×		×		=					
		窓型開口	0.6		×		×	1.8	=			1.08	1.08	₂Quロ 2.592
		掃き出し型開口	0.3		×		×		=					
													₂Quy=Qw+Qe	4.644

③必要耐力を算定する（2F）
▶X方向に比べてY方向のバランスが悪い

必要レベル（調査後）

【2階】

		壁仕様	Fw (kN/m)	ΣFw (kN/m)		Kj		L (m)		Qwi (kN)	Qw=ΣQwi (kN)	Qei (kN)	Qe=ΣQei (kN)	Qu=Qw+Qe (kN)	
X方向	領域a	構造用合板	5.2	5.2	×	1	×	1818	=	9.45	20.89				11.44
		PBt12.5	1.1	1.1	×	1	×	1818	=	1.99					
		サイディング	1.3	1.3	×	1	×	7271	=	9.45					
		窓型開口	0.6		×		×	909	=			0.54	0.54	₂Qua 21.43	11.98
		掃き出し型開口	0.3		×		×		=						
	中央部の領域				×		×		=						
					×		×		=						
		窓型開口	0.6		×		×		=						
		掃き出し型開口	0.3		×		×		=						
	領域b	構造用合板	5.2	5.2	×	1	×	1818	=	9.45	22.07				11.44
		PBt12.5	1.1	1.1	×	1	×	1818	=	1.99					
		サイディング	1.3	1.3	×	1	×	8118	=	10.63					
		窓型開口	0.6		×		×	—	=			—	—	₂Qub 22.07	11.44
		掃き出し型開口	0.3		×		×		=						
													₂Qux=Qw+Qe	43.50	23.42

		壁仕様	Fw (kN/m)	ΣFw (kN/m)		Kj		L (m)		Qwi (kN)	Qw=ΣQwi (kN)	Qei (kN)	Qe=ΣQei (kN)	Qu=Qw+Qe (kN)	
Y方向	領域イ	ブレース	1.6	1.6	×	1	×	2.05	=	2.05	2.05				
					×		×		=						
					×		×		=						
		窓型開口	0.6		×		×	3	=			0.9	0.9	₂Quイ 2.95	
		掃き出し型開口	0.3		×		×		=						
	中央部の領域	構造用合板	5.2	5.2	×	1	×	0.73	=	3.796	3.796				
					×		×		=						
		窓型開口	0.6		×		×	—	=			—	—	3.796	
		掃き出し型開口	0.3		×		×		=						
	領域ロ	構造用合板	5.2	5.2	×	1	×	0.73	=	3.796	6.14				4.596
		PBt12.5	1.1	1.1	×	1	×	0.73	=	0.80					
		サイディング	1.3	1.3	×	1	×	1.198	=	1.55					
		窓型開口	0.6		×		×	1818	=			1.09	1.09	₂Quロ 7.23	5.686
		掃き出し型開口	0.3		×		×		=						
													₂Quy=Qw+Qe	13.87	12.43

④保有耐力を算定する（2F）
▶低いながらもX・Y方向のバランスを整えていく

現況（調査時）

6．耐力要素の配置等による低減係数 $_eK_{fl}$ の算出

【床の仕様】　［Ⅰ．合板　Ⅱ．火打ち＋荒板　Ⅲ．荒板・火打ち無し］　（該当するものに〇印）

			領域の必要耐力 Q_r (kN)	領域の保有する壁の耐力 Q_w (kN)	充足率 $Q_w／Q_r$	耐力要素の配置等による低減係数 $_eK_{fl}$
2階	X方向	領域a	$_2Q_{ra}$ 2.58	$_2Q_{wa}$ 5.418	2.11	$_{2e}K_{flX}$ 1.00
		領域b	$_2Q_{rb}$ 2.58	$_2Q_{wb}$ 22.74	8.81	
	Y方向	領域イ	$_2Q_{rイ}$ 2.68	$_2Q_{wイ}$ —	0	$_{2e}K_{flY}$ 0.60
		領域ロ	$_2Q_{rロ}$ 2.68	$_2Q_{wロ}$ 1.512	0.5	
1階	X方向	領域a	$_1Q_{ra}$ 6.00	$_1Q_{wa}$ 15.12	2.52	$_{1e}K_{flX}$ 1.00
		領域b	$_1Q_{rb}$ 5.79	$_1Q_{wb}$ 13.93	2.4	
	Y方向	領域イ	$_1Q_{rイ}$ 6.34	$_1Q_{wイ}$ 1.32	0.2	$_{1e}K_{flY}$ 0.60
		領域ロ	$_1Q_{rロ}$ 6.00	$_1Q_{wロ}$ 3.09	0.5	

7．劣化度による低減係数 K_d の算出

部位		材料、部材等	劣化事象	存在点数 築10年未満	存在点数 築10年以上	劣化点数
屋根葺き材		金属板	変退色、さび、さび穴、ずれ、めくれがある	2	2	2
		瓦・スレート	割れ、欠け、ずれ、欠落がある			
樋		軒・呼び樋	変退色、さび、割れ、ずれ、欠落がある	2	②	②
		縦樋	変退色、さび、割れ、ずれ、欠落がある	2	②	②
外壁仕上げ		木製板、合板	水浸み痕、こけ、割れ、抜け節、ずれ、腐朽がある			
		窯業系サイディング	こけ、割れ、ずれ、欠落、シール切れがある			
		金属サイディング	変退色、さび、さび穴、ずれ、めくれ、目地空き、シール切れがある	4	④	④
		モルタル	こけ、0.3mm以上の亀裂、剥落がある			
	露出した躯体		水浸み痕、こけ、腐朽、蟻道、蟻害がある	2	②	②
バルコニー	壁	木製板、合板	水浸み痕、こけ、割れ、抜け節、ずれ、腐朽がある			
	手すり壁	窯業系サイディング	こけ、割れ、ずれ、欠落、シール切れがある		①	1
		金属サイディング	変退色、さび、さび穴、ずれ、めくれ、目地空き、シール切れがある			
		外壁との接合部	外壁面との接合部に亀裂、隙間、緩み、シール切れ、剥離がある			
	床排水		壁面を伝って流れている、または排水の仕組みが無い		①	1
内壁	一般室	内壁、窓下	水浸み痕、はがれ、亀裂、カビがある	2	②	2
	浴室	タイル壁	目地の亀裂、タイルの割れがある	2	②	2
		タイル以外	水浸み痕、変色、亀裂、カビ、腐朽、蟻害がある	2	②	2
床	床面	一般室	傾斜、過度の振動、床鳴りがある	2	②	2
		廊下	傾斜、過度の振動、床鳴りがある			
	床下		基礎のひび割れや床下部材に腐朽、蟻道、蟻害がある	2	②	2
			合　計		21	16

劣化度による低減係数	K_d	$1－$（劣化点数／存在点数）＝	0.76

8．上部構造評点

		壁・柱の耐力 Q_u (kN)	配置等による低減係数 $_eK_{fl}$	劣化度による低減係数 K_d	保有する耐力 $_eQ_u$	必要耐力 Q_r (kN)	上部構造評点 $_eQ_u／Q_r$
2階	X方向	$_2Q_{uX}$ 28.7	$_{2e}K_{flX}$ 1.00	K_d 0.76	21.81	10.32	2.11
	Y方向	$_2Q_{uY}$ 4.64	$_{2e}K_{flY}$ 0.60		2.11	10.32	0.20
1階	X方向	$_1Q_{uX}$ 34.53	$_{1e}K_{flX}$ 1.00		26.24	23.49	1.11
	Y方向	$_1Q_{uY}$ 7.35	$_{1e}K_{flY}$ 0.60		3.35	23.49	0.14

⑤～⑦低減係数、上部構造評点の算出

▶現状の耐力要素の配置による低減係数を劣化度による低減係数を算出した上で、上部構造評点が出る。
　現時点では1.0以下であり、バランスが悪い

必要レベル（調査後）

6. 耐力要素の配置等による低減係数 $_eK_{fl}$ の算出

【床の仕様】 [I. 合板 ◯　II. 火打ち＋荒板　III. 荒板・火打ち無し] （該当するものに◯印）

			領域の必要耐力 Qr (kN)	領域の保有する壁の耐力 Qw (kN)	充足率 Qw/Qr	耐力要素の配置等による低減係数 $_eK_{fl}$		
2階	X方向	領域a	$_{2Q}ra$ 2.58	$_{2Q}wa$ 20.89	8.09	$_{2e}K_{flX}$ 1	11.44	4.43
		領域b	$_{2Q}rb$ 2.58	$_{2Q}wb$ 22.07	8.55	1	11.44	4.43
	Y方向	領域イ	$_{2Q}rィ$ 2.58	$_{2Q}wィ$ 2.05	0.79	$_{2e}K_{flY}$ 1	2.05	0.79
		領域ロ	$_{2Q}rロ$ 2.58	$_{2Q}wロ$ 6.14	2.37		4.59	1.77
1階	X方向	領域a	$_{1Q}ra$ 6.00	$_{1Q}wa$ 18.91	3.15	$_{1e}K_{flX}$ 1	11.44	1.9
		領域b	$_{1Q}rb$ 5.79	$_{1Q}wb$ 18.91	3.26	1	11.44	1.97
	Y方向	領域イ	$_{1Q}rィ$ 5.49	$_{1Q}wィ$ 15.31	2.78	$_{1e}K_{flY}$ 1	13.35	2.43
		領域ロ	$_{1Q}rロ$ 6.00	$_{1Q}wロ$ 6.35	1.05		5.40	0.9

7. 劣化度による低減係数 K_d の算出

部位	材料、部材等	劣化事象	存在点数 築10年未満	存在点数 築10年以上	劣化点数
屋根葺き材	金属板	変退色、さび、さび穴、ずれ、めくれがある	2	②	2
	瓦・スレート	割れ、欠け、ずれ、欠落がある		2	2
樋	軒・呼び樋	変退色、さび、割れ、ずれ、欠落がある	②	2	2
	縦樋	変退色、さび、割れ、ずれ、欠落がある	②	2	2
外壁仕上げ	木製板、合板	水浸み痕、こけ、割れ、抜け節、ずれ、腐朽がある			
	窯業系サイディング	こけ、割れ、ずれ、欠落、シール切れがある	④	4	4
	金属サイディング	変退色、さび、さび穴、ずれ、めくれ、目地空き、シール切れがある			
	モルタル	こけ、0.3mm以上の亀裂、剥落がある			
	露出した躯体	水浸み痕、こけ、腐朽、蟻道、蟻害がある	②	2	2
バルコニー	手すり壁 木製板、合板	水浸み痕、こけ、割れ、抜け節、ずれ、腐朽がある			
	窯業系サイディング	こけ、割れ、ずれ、欠落、シール切れがある		①	1
	金属サイディング	変退色、さび、さび穴、ずれ、めくれ、目地空き、シール切れがある			
	外壁との接合部	外壁面との接合部に亀裂、隙間、緩み、シール切れ、剥離がある		1	1
	床排水	壁面を伝って流れている、または排水の仕組みが無い		1	1
内壁	一般室 内壁、窓下	水浸み痕、はがれ、亀裂、カビがある	②	2	2
	浴室 タイル壁	目地の亀裂、タイルの割れがある			
	タイル以外	水浸み痕、変色、亀裂、カビ、腐朽、蟻害がある	②	2	2
床	床面 一般室	傾斜、過度の振動、床鳴りがある	②	2	2
	廊下	傾斜、過度の振動、床鳴りがある		1	1
	床下	基礎のひび割れや床下部材に腐朽、蟻道、蟻害がある	②	2	2
合計			18	3	?

劣化度による低減係数	K_d	1 − （劣化点数／存在点数）=	1

8. 上部構造評点

		壁・柱の耐力 Qu (kN)	配置等による低減係数 eKfl	劣化度による低減係数 Kd	保有する耐力 $_{ed}Q_u$	必要耐力 Qr (kN)	上部構造評点 $_{ed}Q_u/Q_r$		
2階	X方向	$_{2Q}uX$ 43.5	$_{2e}K_{flX}$ 1	Kd 0.9	39.15	10.32	3.79	23.42	2.26
	Y方向	$_{2Q}uY$ 13.97	$_{2e}K_{flY}$ 1		12.59	10.32	1.21	12.43	1.20
1階	X方向	$_{1Q}uX$ 41.08	$_{1e}K_{flX}$ 1		36.97	23.49	1.57	26.14	1.11
	Y方向	$_{1Q}uY$ 29.00	$_{1e}K_{flY}$ 1		26.10	23.49	1.11	26.09	1.11

サイディング
未含んでも
1.111倍

⑤〜⑦低減係数、上部構造評点の算出

▶新しく設計強化した上で耐力のバランス配置や劣化度により低減係数を出して確かめる。上部構造評点を1.0以上確保できるようチェックする

現況（調査時）

耐震診断依頼者　　　T　様

総合評価（診断結果）

【地盤】

地盤	対策	記入欄（○印）	注意事項
良い・普通			SS試験などでは
悪い			バラツキが
非常に悪い（埋立地、盛土、軟弱地盤）	表層の地盤改良を行っている		計測された
	杭基礎である		
	特別な対策を行っていない	○	

【地形】

地形	対策	記入欄（○印）	注意事項
平坦・普通		○	
がけ地・急斜面	コンクリート擁壁		
	石積み		
	特別な対策を行っていない		

【基礎】

基礎	対策	記入欄（○印）	注意事項
鉄筋コンクリート基礎	健全		
	ひび割れが生じている		
無筋コンクリート基礎	健全		
	軽微なひび割れが生じている	○	
	ひび割れが生じている		
玉石基礎	足固めあり		
	足固めなし		
その他の基礎（ブロック基礎等）	大谷石	○	

【上部構造】

上部構造評点のうち最小の値	0.14	判定（○印） 1.5以上　　　　　：倒壊しない 1.0以上～1.5未満　：一応倒壊しない 0.7以上～1.0未満　：倒壊する可能性がある 0.7未満　　　　　：(倒壊する可能性が高い)
		倒壊しない・一応倒壊しない・倒壊する可能性がある・(倒壊する可能性が高い)

【その他注意事項】

診断者	田中ナオミ	講習会	主催者	日本建築防災協会／公共団体（　　）
所属	田中ナオミアトリエ		講習会終了番号	
連絡先	八王子市大塚390-13			TEL 0426(70)2728

現状の総合評価

▶住み手はこの部分しか興味がないと思うが、現状がどのようになっているのかが順を追って算出された。
　評価としては、このままでは「倒壊する可能性が高い」となった

必要レベル（調査後）

耐震診断依頼者　　　　T　様

総合評価（診断結果）
【地盤】

地盤	対策	記入欄（○印）	注意事項
良い・普通			SSでバラツキが
悪い			みられたが
非常に悪い（埋立地、盛土、軟弱地盤）	表層の地盤改良を行っている		築年数を鑑みて基礎を
	杭基礎である		見当した
	特別な対策を行っていない	○	

【地形】

地形	対策	記入欄（○印）	注意事項
平坦・普通		○	
がけ地・急斜面	コンクリート擁壁		
	石積み		
	特別な対策を行っていない		

【基礎】

基礎	対策	記入欄（○印）	注意事項
鉄筋コンクリート基礎	健全	○	
	ひび割れが生じている		
無筋コンクリート基礎	健全		
	軽微なひび割れが生じている		
	ひび割れが生じている		
玉石基礎	足固めあり		
	足固めなし		
その他の基礎（ブロック基礎等）			

【上部構造】

上部構造評点のうち最小の値	判定（○印）
	1.5 以上　　　　　　：倒壊しない 1.0 以上～1.5 未満　：一応倒壊しない 0.7 以上～1.0 未満　：倒壊する可能性がある 0.7 未満　　　　　　：倒壊する可能性が高い
1.11	倒壊しない・（一応倒壊しない）・倒壊する可能性がある・倒壊する可能性が高い

【その他注意事項】

診断者	田中なオミ	講習会	主催者	日本建築防災協会／公　共　団　体（　　　　　　　）
所属	田中なオミアトリエ		講習会終了番号	
連絡先	八王子市大塚390-13			TEL 0426(70)2728

リフォームした場合の総合評価
▶現状の診断を鑑みて、今後必要とされる耐力を算出した結果、「一応倒壊しない」というレベルに達したことを表している。その上でさらにどこまでできるか検討を重ねる

3 維持管理・更新の容易性

リフォーム後、住宅の点検・清掃・修繕が行いやすいよう配慮する対策

[必須項目]

住宅性能表示基準の「維持管理への配慮」において等級3を満たす。

等級3とは、構造躯体と仕上げに影響を及ぼさずに配管の点検、清掃が行え、構造躯体に影響を及ぼさずに配管の補修が行えるレベルである。

ただし、スラブ下配管が避けられない場合は、適切な点検口等を設置するなどして、次の①～⑤のように有効な対処をする必要がある。

①配管をコンクリート内に埋め込まない（基礎等の貫通部を除く）。
②地中埋設管上にコンクリートを打設しない（外部土間コンを除く）。
③排水管の内面に凹凸やたわみがない。
④排水管の掃除口または清掃できるトラップを設置する（1階のトイレ等の配管で隣接する排水桝に接続できるものは除く）。
⑤設備機器と排水管・給水管の接合部、排水管・給水管・給湯管・ガス管のバルブおよびヘッダーが点検・清掃できる。

4 省エネルギー性

暖冷房時の省エネルギーの程度を決める項目

[必須項目]

　住宅の全体ではなく、生活に使用されるエリア全体に対し、熱損失係数（Q値）、夏季日射取得係数（μ値）が、温熱環境（省エネルギー）対策等級4と3の中間以下を確保するという内容である。
　等級4とは次世代省エネルギー基準程度であり、等級3とは新省エネルギー基準程度のことをいう。等級2以上で断熱構造とする建物の部

熱損失係数（Q値）

地域	等級3	中間値	等級4
I	1.8 以下	1.70 以下	1.6 以下
II	2.7 以下	2.30 以下	1.9 以下
III	3.3 以下	2.85 以下	2.4 以下
IV	4.2 以下	3.45 以下	2.7 以下
V	4.6 以下	3.65 以下	2.7 以下
VI	8.1 以下	5.90 以下	3.7 以下

夏季日射取得係数（μ値）

地域	等級3	中間値	等級4
I	−	基準なし	0.08 以下
II	−	基準なし	0.08 以下
III	0.10 以下	0.085 以下	0.07 以下
IV	0.10 以下	0.085 以下	0.07 以下
V	0.10 以下	0.085 以下	0.07 以下
VI	0.08 以下	0.070 以下	0.06 以下

分が定められている。
① 断熱構造とする部分の基準は各地域共通であり、断熱の基本は、居住空間を断熱材ですっぽり包み込んでしまうことである。
② 躯体の断熱性能に対する基準は、全国を寒冷地から温暖地まで6つの地域に分け、各地域で必要な断熱材の種類・厚さが決まる。

　住宅医協会では、等級3から等級4へと高くなる中間までの性能を確保することを基準にしている。

断熱材の区分表 Ⅳ地域（東京を含む日本で最も多い等級 3、4 の地域）の場合

部位		断熱材の熱抵抗値	断熱材の厚さ（単位 mm）						
			A-1	A-2	B	C	D	E	F
屋根または天井		1.2	65	60	55	50	45	35	30
壁		0.8	45	40	40	35	30	25	20
床	外気に接する部分	1.0	55	50	45	40	35	30	25
	その他の部分	0.5	30	25	25	20	20	15	15

断熱材の厚みなどは、トレードオフなどの緩和措置がある。新築と違い施工条件がさまざまに変わるので、実際の現場に沿って検討して採用すること。

③ 結露に関しての対策は、防湿層を室内側に設ける。
④ 開口部の断熱性能基準

　開口部（建具）のガラスの組合せ、ガラスの性能・仕様、方位、付属部品（カーテンや障子など）庇、軒などによって日射侵入率、日射遮蔽の数値が変わる。

　各地域の基準値を出典①で確認することが必要である。

開口部の基準 Ⅳ・Ⅴ地域（東京を含む日本で最も多い等級4の地域）の場合

区分	建築の仕様	併用できるガラスのU値または仕様		日射遮蔽の措置				
		ガラス中央部のU値 W/㎡K	代表的な使用例	真北±30°の方位（下記のいずれか）		左記以外の方位（下記のいずれか）		
				付属部材	ガラスの日射進入率	付属部材	付属部材＋庇・軒等	ガラス＋庇・軒等または付属部材	ガラスの日射進入率
窓	2重（材質は問わず）	4.00	単板＋単板	設置	0.60以下	内付けブラインド同等*	設置（両方）	0.66未満＋設置	0.49以下
	1重（材質は問わず）	4.00	複層（空気層6mm） 単板2枚使用（空気層12mm）						
ドア	扉が木製	4.00	複層（空気層6mm） 単板2枚使用（空気層12mm）						
	扉がフラッシュ構造								
	扉が金属製熱遮断パネル								

※「内付けブラインド同等」：打ち付けブラインドと同等以上の遮蔽性能を有する
付属部材で、打ち付けブラインド、紙障子、外付けブラインドなどが該当する

表（日射遮蔽部分）の見方

1. まず建具とガラスの組み合わせを選択する。たとえば「窓」の建具に「**1重（材質は問わず）**」、ガラスに「**複層（空気層6mm）**」を選択したとする。
2. 次に開口部の日射遮蔽の措置を、方角別に選択する。下図の「**北**」(真北±30°)**に面する窓**に「**付属部材**」または「**日射侵入率の低いガラス**（0.60以下）」のいずれかにより、日射遮蔽措置を講じる。
3. 「北」以外の窓に「**付属部材（内付けブラインド同等以上）**」、「**付属部材＋庇、軒等**」、「**日射侵入率が低いガラス**（0.49以下）」のいずれかにより、日射遮蔽措置を講じること。

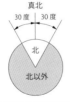

開口部の向く方位の呼称

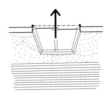

窓の方位の考え方

5 バリアフリー

身体機能の低下による住宅内の移動の安全、介助を容易にする措置、すなわちバリアフリーの程度を定める基準

[必須項目]

目標は住宅全体で高齢者への配慮等級3を目指すこと。等級3というのは、高齢者の移動および介助のための基本的な措置を考慮したレベルである。

〔1〕トイレの位置は寝室と同じ階であること

〔2〕日常生活の段差には規定が発生する
①玄関の段差は屋外と屋内で20mm以下、沓ずりと屋内は5mm以下であること。
②上がり框の段差は認められる。

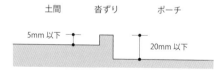

段差が認められる例
玄関においては、沓ずりと玄関外側の高低差が20mm以下、沓ずりと玄関土間の高低差が5mm以下であれば、段差が認められる

③勝手口や屋外に出るときの開口部の段差も認められる（バルコニーも含む）。
④畳コーナーなど意図的に高くした場所も認められる。
  ○ ただし、その広さが3㎡以上9㎡未満であり畳コーナーのある部屋の面積が18㎡以下の場合、3㎡以上かつ部屋の広さの1/2未満であること
  ○ 高さは300mm以上450mm以下であること

- 間口が1,500㎜以上あること（移動撤去で広げられる工夫があればそれでよし）
- 介助椅子の妨げにならない位置にあること

⑤お風呂の出入口の段差は20㎜以下とする。

　ただし、手すりをつければ120㎜（またぐ場合は180㎜）以下にすることができる。

　日常生活空間外での上記の段差は、一定程度認められるが、できる限りリフォームの際に段差をなくす方法を考えたい。

［3］階段の勾配、踏面

①階段の勾配は22/21以下、かつ、

　550㎜≦蹴上げ×2＋踏面≦650㎜　踏面は195㎜以上

　たとえば踏面が195㎜であれば蹴上げは204㎜以下で、

　550≦((204×2)＋195＝603)≦650㎜　という計算になる。

　ただし、これは最低基準であるので、上りやすい階段として

　踏面×2＋蹴上げ＝550～600㎜程度　には設計しておきたい。

②蹴込み寸法30㎜

③曲がり部分の寸法

　階段に曲がりがある場合は、狭いほうの端から300mmの位置における寸法となる。ただし、次ページ図のa～cのいずれかに該当する曲がりには、その規定は適用されない。

階段の曲がり部分

a. 90°の曲がり部分が下階の床から上3段以内、かつ、すべて30°以上となる部分

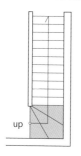

b. 90°の曲がり部分が踊り場の床から上3段以内、かつ、すべて30°以上となる部分

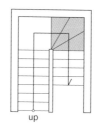

c. 180°の曲がり部分が、60°・30°・30°・60°の順の4段となる部分

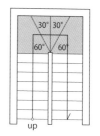

〔4〕手すりを設置する

①トイレ、お風呂、出入口、脱衣室に手すりを設置すること。

階段においては少なくとも片側に手すりを付ける。(踏面の先端から高さ700〜900mm以内)。勾配が45度を超える急な階段の場合は両側に設置すること。(基準の22/21は46度程度になる)。

トイレは立ち座りのための位置、お風呂は出入りのための位置、出入口は、上がり框の上り下りや靴を脱いだり履いたりする位置、脱衣室は衣類を着たり脱いだりするための位置に設置する(ただし、将来設置できるように、下地の準備だけでもいい)。実際は出入口に椅子を置いたり、脱衣室に椅子を置いたり、あるいは靴入れや洗面台が手すりの代わりになることも多く、実質的に状況を判断したい。出入口は靴を脱いだり履いたりする際に壁を支えにすることも多く、最初に手すりを付けることで現実的に壁が汚れずに済む。

②転落防止のために、バルコニーや2階以上の窓に手すりをつける。

手すり子の間隔は110mm以内とする。

③建築基準法上の手すりの基準に合致させる。

2階以上の階のバルコニーや屋上などは、手すりの高さを1,100mm以上にする。

手すりの設置基準

部位		腰壁・窓台・足がかりの高さ	手すりが達する高さ
バルコニー	イ	650mm ≦ 腰壁・足がかりの高さ ＜1,100mm	床面から 1,100mm 以上
	ロ	300mm ≦ 腰壁・足がかりの高さ ＜ 650mm	腰壁・足がかりから 800mm 以上
	ハ	腰壁・足がかりの高さ ＜ 300mm	床面から 1,100mm 以上
2階以上の窓	イ	650mm ≦ 窓台・足がかりの高さ ＜ 800mm	床面から 800mm 以上（3階の場合は 1,100mm 以上）
	ロ	300mm ≦ 窓台・足がかりの高さ ＜ 650mm	窓台・足がかりから 800mm 以上
	ハ	腰壁・足がかりの高さ ＜ 300mm	床面から 1,100mm 以上
廊下および階段（開放されている側に限る）	イ	650mm ≦ 腰壁・足がかりの高さ ＜ 800mm	床面(踏面先端)から 800mm 以上
	ロ	腰壁・足がかりの高さ ＜ 650mm	腰壁・足がかりから 800mm 以上

〔5〕通路の幅・出入口の間口

①日常生活の通路の幅を780mm以上(柱の間は750mm以上)確保する。

②出入口は750mm以上、風呂場の出入口の幅は600mm以上確保する（有効開口寸法にて）。

③そのほかの出入口の間口は750mm以上確保すること。ただし、壁を外したりすることができるようにして、必要な際に開口が確保できれば、それも認められる。

〔6〕浴室・トイレの面積

①浴室は、内法有効寸法で短辺を1,300mm以上、かつ、面積を内寸2.0㎡以上確保する。

②トイレは、長辺を1,300㎜以上確保すること（介助を目的とするので、必要なときに壁を外したり寸法を確保することができれば、それも認められる）。

③便器の前方または側方に500㎜以上確保すること（軽微な変更もしくは扉を外して寸法を確保できれば、それも認められる）。

〔7〕寝室の面積は9㎡以上確保すること。

6　防耐火性

防火対策は、火災が発生したときに早期覚知のしやすさ、3階建て以上の住宅の場合は脱出対策、外部からの延焼を受けた場合の燃えにくさといった安全の基準を定めている

[必須項目]

〔1〕建物全体で性能等級2を確保すること
　　　（感知警報装置設置等級）

　等級2とは全寝室、寝室の存在する階から直下階に通じる階段、台所に住宅用火災警報器を設置させるというもので、火災を早期に知ることが目的である。

　住宅用火災警報機は、一般に設置が義務付けられているので、リフォームの際に改めて整えることはさほど負担ではない。設置箇所は、すべての寝室と寝室から直下階に避難する階段、そして台所になる。

　一般に市区町村の建築課では、寝室は煙感知型、台所は熱感知型の設置を求められる。また設置場所は、天井取り付けの場合壁から60cm以上、かつエアコンの吹出口から1.5m以上離すこと、そして、床から2.1m以上の位置であることを指導される。

〔2〕消火器の設置がない場合は、
　　　適切な箇所に1本設置すること。

①玄関の段差は屋外と屋内で20㎜以下、沓ずりと屋内は5㎜以下であること。
②上がり框の段差は認められる。

[努力項目]

〔1〕建物全体で性能等級2を確保すること
　　　（感知警報装置設置等級）

　外壁、開口、屋根の改修を伴うときは、建築基準法が定める防耐火性能を確保すること。

法22条地域（建築基準法）
準防火地域・防火地域（都市計画法）で知っておきたい

木材あらわし軒裏の防火性能

　東京都23区は、準防火ではない地域がないほど防火の指定地域だ。リフォーム時には、手をつけた部位を片っ端から防火仕様にしていくことが、設計者としての責務である。しかし、性能アップのみをカバーするだけでなく、同時に外観の意匠性にも配慮することが、よりよい街並み形成のためには必要だ。

　平成12年、伝統建築と街並の外観の意匠を守るために、法22条地域や準防火地域内であっても、中から火が吹き出さない一定の時間を稼ぐことができる納まりにすれば、軒裏は板材を見せることができる、という項目ができた。

　「一定の時間」とは、図のような方法で防火の性能を確保することである。

　これまでは不燃材や左官などで防火性能を確保するしかなかったが、この手法では野地板の厚みを30mmにし、面戸板を45mmにすることで防火性能を確保している。屋根は…屋根は下からでは「見えない」が、軒裏のような「見える」部位については、デザインで性能アップを図りつつ「見せる」デザインにすることで、意匠性が高まるのである。

準耐火構造（45分）仕様ホ（野地板厚30ミリ以上）

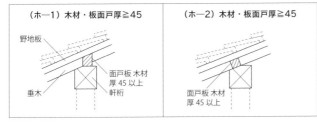

面戸板を厚くして下図のように面戸、垂木、軒桁を欠きこむことで、一定時間火が外に出ない方法である。（ホ－1, ホ－2どちらでも可）

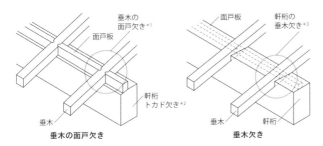

いずれも火が噴出さないように面戸板と垂木、桁が欠きこまれている必要がある

*1 面戸欠き：垂木の、面戸板との取り合い部分にシャクリをいれること
*2 トカド（外角）欠き：垂木が折れるのを防ぐために、軒桁上端の、垂木が接する面を、垂木の勾配にあわせて面取りすること
*3 垂木欠き：垂木の折れや暴れを防ぐために、軒桁の、垂木と接する部分のみを垂木の勾配にあわせて彫り込むこと

＊ H12建設省告示第1358号（追加告示：H16国土交通省告示第789～790）より抜粋

column 1

つくる時代から 活かす時代へ

もう新築はいらない？

　日本では、戦後の住宅不足を解消するために、たくさんの住宅をつくってきた。高度経済成長期、バブル経済期を経て、いよいよ人口減少社会に突入している今でも、新たに住宅をつくり続けていることに違和感を持っている人も少なくないのではなかろうか。

　総務省の最新の統計では、日本の既存住宅は平成25年現在で6,063万戸、空き家率は13.5%となっている。戸数、空き家率ともに年々増加していて、現在の空き家数は820万戸である。傷みが激しく使えないものや集合住宅なども含まれた数字であるが、たとえば私が住んでいる岐阜県の総人口（平成26年現在、約204万人、約75万世帯）の数倍の数である。

　また、日本の人口はちょうど現在をピークに減っていくと予測されており、空き家問題にとどまらず、さまざまなものが今までのやり方では通用しなくなる時代がやってくる。はたして、今後も新築住宅をつくり続けるべきなのだろうか。

量から質へ、住宅行政の転換

　国の住宅政策は、昭和41年に制定された「住宅建設計画法」に基づき、長らく実施されてきた。国民生活の安定と社会福祉の増進に寄与することを目的として、国および地方公共団体が、住宅の需要および供給に関する長期見通しに即した総合的な計画を策定・実施する「住宅建設五箇年計画」である。5年ごとの見直しを経て、第8期（平成13～18年度）まで継続され、住生活基本法の登場とともに、その役目を終えた。この住宅建設五箇年計画は、公営・公庫・公団住宅に対する施策であるが、住宅ニーズの

総住宅数、空き家数および空き家率の推移 — 全国

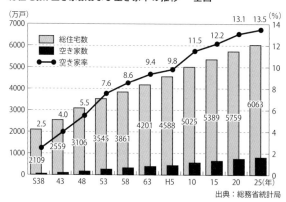

出典：総務省統計局

変遷を見ることができる。当初10年間（昭和41〜50年）は住宅難の解消のため、「一世帯一住宅の実現（第1期）」、「一人一室の規模を有する住宅の建設（第2期）」が目的であったが、その後の30年間（昭和51〜平成17年）は、量の確保から質の向上がテーマとなり、居住水準を最低から平均、そして誘導水準へと住宅の質を高める施策が実施され、建設からストック重視への傾向が次第に高まっていった。居住水準とは、住戸面積や、耐震性・防火性・耐久性等住宅の基本性能、バリアフリー化の数値目標等に関する基準である。

これらの住宅行政において大きな転機となったのが、平成18年6月に公布、施行された「住生活基本法」である。住宅ストック量の充足や本格的な少子高齢化、人口・世帯減少という社会経済情勢の著しい変化を受け、「量から質へ」という住宅政策の転換が法律として明確に定められたのである。

長期優良住宅の登場

住生活基本法を受け、「良質な住宅ストックの形成および将来世代への承継」、「良好な居住環境の形成」、「国民の多様な居住ニーズが適切に実現される住宅市場の環境整備」、「住宅の確保に特に配慮を要する者の居住の安定の確保」という4つの目標を掲げた10年間（平成18〜27年）の基本計画が策定された。基本計画では、住宅の耐震基準合格率、住宅の省エネルギー対策率、リフォームの実施率、高齢者のいる住宅のバリアフリー化率など、個々の詳細な数値目標も定められた。国を中心として進めてきた住宅政策について、国、地方公共団体、住宅関連事業者、居住者等、関係者それぞれの責務が法律で定められたことも特徴のひとつである。

しかし、新たな住宅施策が幕開けしたあとの平成20年9月、米国住宅のサブプライムローン問題に端を発するリーマンショックにより、世界的な金融危機が起こり、日本経済の景気の下降局面が長期化、深刻化するおそれがあったため、国は緊急経済対策を発動した。その中で、とくに住生活基本計画に掲げられていた「住生活の質の向上」を図るための、住宅ストックの質の向上に向けた取組みとして、長期優良住宅の普及の促進およびリフォームの促進を、緊急かつ重点的に推進するという閣議決定がなされ、「長期優良住宅」が登場した。その後、緊急経済対

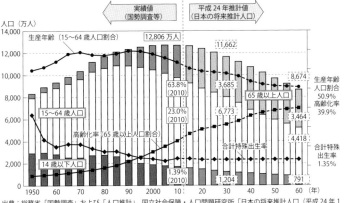

日本の人口推移

出典：総務省「国勢調査」および「人口推計」、国立社会保障・人口問題研究所「日本の将来推計人口」（平成24年1月推計）：出生中位・死亡中位推計（各年10月1日現在人口）、厚生労働省「人口動態統計」

column 1

策に後押しされる形で、平成21年6月に「長期優良住宅の普及の促進に関する法律」が施行され、長期にわたり良好な状態で使用するための措置が講じられた住宅（長期優良住宅）の普及を促進することで、環境負荷の低減を図りつつ、良質な住宅ストックを将来世代に継承し、より豊かでやさしい暮らしへの転換を図ることを法律で明確化した。「いいものをつくって、きちんと手入れして、長く大切に使う」というスローガンのもと、国の助成事業や税の特例措置を中心としたさまざまな誘導策や、研究者、住宅事業者等による研究開発が現在も行われている。

住生活基本計画は5年ごとに見直すこととされており、現在は平成23年に閣議決定された改定版が施行されている。具体的には、「安全・安心で豊かな住生活を支える生活環境の構築」、「住宅の適正な管理及び再生」、「多様な居住ニーズが適切に実施される住宅市場の環境整備」、「住宅の確保に特に配慮を要する者の居住の安定の確保」という4つの目標を掲げ、10年間（平成23〜32年）の数値目標として、耐震性を有する住宅ストック比率（H20：79％→H32：95％）、高齢者人口に対する高齢者向け住宅の割合（H17：0.9％→H32：3〜5％）、省エネ法に基づく届出がなされた新築住宅における省エネ基準（H11年基準）達成率（H22：42％→H32：100％）、既存住宅の流通シェア（H20：14％→H32：25％）、新築住宅における長期優良住宅の割合（H21：8.8％→H32：20％）等を定め、住宅ストックの管理・再生対策や既存住宅流通・リフォーム市場の整備等をさらに推進する内容となっている。

中古住宅市場への挑戦

地方に残る古民家は、かつては3世代に一度建て替えればいいものだったそうである。初代が新築し、2代目、3代目は大切に維持管理を行い、4代目にまた新たに新築するという感じだろうか。必然的に建物の寿命は延び、各世代が住宅ローンに苦しむこともなくなる。核家族化が進んだ現代社会でこれを復活させることは難しいが、他人が住み継ぐという中古住宅であれば、不可能な話ではない。

現在の日本の住宅は欧米に比べて寿命が短いだけでなく、中古住宅市場の規模が極端に小さい。日本の既存住宅の流通シェアはわずか13％。英国の89％、米国の78％に比べてはるかに少ない。さらに欧米では、手

滅失住宅の平均築後経過年数の国際比較

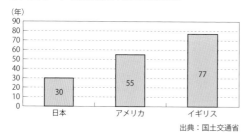

出典：国土交通省

入れが行き届いた家や古い住宅ほど高値で取引されるそうである。

なぜ、日本の中古住宅は流通しないのか。これは、住宅の物理的な寿命よりも、「中古ではなくやはり新築」、「他人が暮らした住宅はちょっと」、といった私たちの精神的、文化的側面がひとつの理由かもしれないが、そもそも中古住宅の価値を適切に評価し売買する仕組みがない社会であるということが最大の要因である。

古民家リノベーションやシェアハウス等、事業者とユーザーで価値を共有できるものについては徐々に流通事例が増えていると思われるが、国でも平成25年から「中古住宅の流通促進・活用に関する研究会」を発足し、中古住宅の適切な建物評価を目指した評価手法の抜本的改善や中古住宅流通を改善する方策、住宅金融市場へのアプローチ等の検討が始まっている。金融機関も含めた適切な評価手法が確立すれば、中古住宅市場は一気に広がるかもしれない。その際に必要となるのが適切な評価を行うプロの人材であるが、住宅医がその一翼を担う社会も近いかもしれない。

空き家再生から地方再生へ

人口減少は地方ではことさら深刻である。昨今話題となっている日本創生会議が発表した「人口生産力に着目した市区町村別将来推計人口」では、全国の多くの市区町村が将来的に消滅の危機にあることが示唆され、今年の内閣改造では新たに地方創生相が誕生した。人口も経済も首都圏への一極集中がますます進む中で、地域の空き家再生を切り口に地域の再生に取り組んでいる人たちがいる。住宅と言っても個人の資産である以前に社会の資産であるはずで、空き家再生は社会的にさまざまなインパクトを与え得るものである。

これからは、新たにつくることよりも、既存のものをどのように活かすかということが建築士の大きな責務であり、同時に各地域のさまざまな社会的課題についても積極的に取り組んでいくことで、私たちの職能の存在価値も上がっていくのではなかろうか。個人的には地方の空き家再生を通じて、地方への人口回帰に少しでも寄与できないかと思っている。

(滝口泰弘)

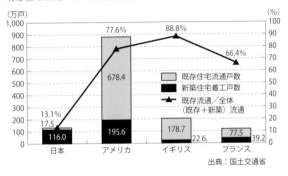

既存住宅流通シェアの国際比較

出典：国土交通省

column 2

住宅医とは何か？

始まりは木造建築病理学

　量から質へ、住宅をめぐる動向が様変わりしつつある中で、新たに住宅をつくる技術・人材よりも、既存住宅を適切に診断し、必要に応じて処置を施し、さらには維持管理ができる技術・人材が求められている。わが国の建築教育では、つくる技術や人材育成は盛んに行われてきたが、診断する、直す、維持するといった教育はほとんど行われてこなかった。国家資格である建築士の試験においても既存住宅に対する技量は問われていない。これは建築に限った話ではないが、今後の成熟時代のさまざまな場面でこれらの代償が大きくのしかかってくることは確かである。

　住宅の長寿命国イギリスでは、大学で建築病理学という学問が確立し、大学で教えられている。建築病理学とは、建物の劣化や不具合の原因とその補修方法に関する学問体系で、専門の国家資格も整備され、既存住宅売買時の調査・診断が実施できるなど社会的にも地位が約束されている。日本では病理学どころか、新築の木造住宅でさえまともに教えられていないのが現状である。

　このような状況の中で、英国の建築病理学をヒントに2006年に岐阜県立森林文化アカデミーで「木造建築病理学講座」が始まった。この学校は、林業、植生、環境教育、木造建築、ものづくりなど、地域の山や木材に関わる幅広い実践教育を行うことを目的に2001年に開校した岐阜県立の専修学校である。

　木造建築分野では開学当初から地域の山の木を活かす建築の教育が行われていたが、伝統的建造物や古民家が多く残っているという地域柄、既存住宅の診断や改修依

岐阜県立森林文化アカデミー（岐阜県美濃市）

頼が相次いだ。適切に調査・診断し改修する手法や学問体系が存在しなかったことから、建築病理学をヒントに新たな人材育成の試みとして、既存の木造建築物に関する調査・診断手法や改修に特化した、24の必須講義と実習による講座を開講した。

講座には、既存住宅の調査手法から構造や温熱環境の具体的な改修方法に至るまで、実務で必要とされる幅広い内容が盛り込まれ、これらを習得した実務者を、既存住宅の専門医である住宅医として育成していこうと取組みを始めた。

木造建築病理学講座開講2年後の2008年には、この活動をより広く普及させるために、主要関係者により住宅医ネットワークが組織された。長期優良住宅法に関連して始まった長期優良住宅先導事業（国交省）への応募採択が契機となり、木造建築病理学に基づく既存住宅の調査・診断・改修手法を、人間ドックにたとえて「既存ドック」と名付け、手法の改良を続けながら、より多くの実務者へ普及させることを目的に活動を展開している。また、「木造建築病理学講座」とは別に、実務者を対象とした「住宅医スクール」を開講し、住宅医の人材育成の活動も広がりつつある（平成26年現在、東京、大阪、浜松で住宅医スクールを開校している）。平成26年には一般社団法人住宅医協会と改称し、社会的な要請に応えられるよう体制の整備も進めている。

住宅医の仕事

築年数や工法、仕様や経年変化の状況、増改築の履歴など、ひとつとして同じものがない既存住宅では、さまざまな技術や判断力が求められる。これらに対して適切に処置が施せる力が住宅医には必要となるが、住宅医協会ではその出発点として、しっかりと既存住宅の調査・診断を行った上で改修設計・施工を行う「既存ドック」の実施を推奨している。具体的には「①事前調査」、「②詳細調査」、「③診断」という段階を経て既存住宅の調査診断を行い、建物の健康状態を調査・診断するだけでなく、その後の治療のための情報を提供し、改修設計・施工に活かすというものである。

①事前調査

相談・依頼を受け、住宅医が現地に行き、劣化状況、生活上の不満、建物への愛着、予

事前調査でクライアントの要望をヒアリング

column 2

算、将来の展望など、クライアントへの総合的な問診を行い、その後の詳細調査実施に必要な情報収集も行う。

②詳細調査

調査は1日で、規模や難易度に応じて10〜20名の調査員で実施する。住宅医を要請する住宅医スクールと連携し、スクール受講生の実地研修の場としても提供しているため、調査員への指導も同時に行えるよう工夫している。

調査は2人一組のチームに分かれ、耐震・温熱・その他診断の基礎的情報となる建物形状や使用材料の調査、建物の室内外の劣化状況や傾斜を測定する劣化調査、蟻害や腐朽、雨漏りや換気状況、構造部位の状況、断熱材の有無等を調査する床下・小屋裏調査、間取りや段差を測定するバリアフリー調査、配管設備類をチェックする設備調査等を1日かけて行い、可能な限り既存住宅の情報を収集する。

調査終了後、詳細調査で得られた各種野帳や写真データをもとに、担当する住宅医が、築年数・改修履歴・問診結果などの概要情報、基本的な図面、6つのモノサシの調査・診断結果、各種計算資料、総合的な所見について、約1か月をかけて1冊の「住まいの診断レポート(既存ドック調査診断報告書)」としてまとめ、依頼者に現在の劣化や性能の状況を報告する。

その後、住まいの診断レポートの結果や施主の要望を踏まえつつ、場当たり的に改修設計・施工を進めることなく、総合的な性能向上リフォームを提案し実現させていくことも住宅医の大切な仕事である。水まわりや内装リフォームではなく、また、あるひとつの性能のみを向上させるのではなく、合理的かつ総合的な改修計画を立てて実施していくことは、設計者(建築士)ならではの仕

小屋裏調査。雨漏りや腐朽の有無を詳細に確認する

詳細調査開始時のミーティング

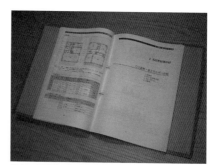

住まいの診断レポート。100〜150ページほどになる

事であり、今後の住宅ストック時代に設計者（建築士）が生き残っていくひとつの手段でもあるのではなかろうか。

住宅医になろう！

　一般社団法人住宅医協会では、住宅医スクールのすべての講義を受講した修了生を対象に、住宅医検定会を開催している。実際に行った改修事例を住宅医スクール受講生の前で発表し、住宅医スクール講師陣が審査を行う場で、住宅医検定会での合格、建築士の資格を有する、住宅医協会の正会員である、という3つの条件を満たした修了生を、住宅医として認定する取組みを行っている。机上の知識だけでなく、実践の場で住宅ストックの諸問題を解決する人材を育成することを重要視しているためである。公的な資格ではないが、より多くの実務者の方々へ住宅医の輪を広げていきたい。

（滝口泰弘）

住宅医スクールの様子

住宅医検定会の様子

第 **2** 章

ここから始まる
住宅医リフォームの実際

1 クライアント（住み手）にヒアリング（カウンセリング）する
2 詳細調査を行う
3 ヒアリング・詳細調査の結果をまとめて、報告書を作成する
4 問題点と改善点を整理し、プランニングと見積りをクライアントに提案する
5 リフォームの実際
6 T邸の完成

第1章では、住宅リフォームを行うときの最初の目標となるポイントを紹介した。こういった目標があるのとないのとでは、リフォームに取り組む心構えが違うので、この本をぜひ参考にしてほしい。

　私たち設計者は、1級建築士という資格によってクライアントから住宅の裏側細部を知り尽くしていると信頼されている。彼らのその後の人生を豊かにする、骨太住宅をつくる使命がある。そして大切なのは、それを超えて、クライアントの要望にはなくてもリフォームが必要な箇所を提案することである。

　第2章では、いよいよ設計者がクライアント（住み手）に要望を聞くヒアリング（カウンセリング）から、リフォームを進めていく。形をつくるには、クライアントのライフスタイルも併せて知る必要があるためである。

　これから紹介するリフォームの流れは、実際に私が手がけたT邸（東京都23区在住）の事例をもとにしている。

1 クライアント（住み手）に
  ヒアリング（カウンセリング）する

住まいの問診表

　それでは、ヒアリング調査を開始していこう。クライアントの要望をうかがいつつ、設計者も住み手について知らなければいけないことがある。問診表を見ると、設問が非常に詳細であることがわかるが、端からチェックしていくことで漏れのない聞き取りができる。これによって、クライアントの住み方、住宅の様子が見えてくる。丁寧な数時間を費やすことで、あとから時間をロスしなくなるので、面倒がらずにぜひ取り組んでみてほしい。またこれは、クライアントに渡しておいて事前に書き込んでもらうこともできる。その場合、書き込んでもらったあとに埋められた項目をチェックしながら、空欄部分があった場合は直接やりとりして進めるというのでもよい。クライアントにとっても、リフォームはただ見えるところだけを手当てすればいいわけではないと、認識してもらうことが重要である。

　問診表は大きく10項目に分かれている。

01 家族・生活の概要

　まず、基本的な情報を整理する。こういう書式があることで、バラバラな情報が1か所にまとまり関係者間で周知、共有することができる。後日行う調査の際に、ヒアリングした住み手情報が役に立つ。

　履歴を確認しながら、住み手は今回、何がしたくて依頼をしてきたのか、併せて聞き取る。書き込んで情報を共有することで、スムーズに進行することができる。

住まいの問診票

問診日

依頼主

氏名	●●●●●
住所	東京都○○区○○ X-X-X
TEL	03-××××-×××× FAX 03-××××-××××
メール	××××@×××.co.jp

問診者

氏名	田中 ナオミ
所属	田中ナオミアトリエ一級建築士事務所
住所	八王子市大塚390-13
TEL	0426-70-2728 FAX 0426-70-2729
メール	mt-lab@mifty.com

1　家族・生活の概要

項目		確認内容
建築主	フリガナ 氏名	●●●●●
	現住所	東京都○○区○○ X-X-X TEL：03-××××-×××× メール：×××××@××××.co.jp
	勤務先	新宿区富久町X-×× （株）○○○ TEL：03-××××-×××× メール：×××××@××××.co.jp
ご希望の連絡方法		☑電話　□FAX　☑メール
家族構成	現在	子2人
	将来 （何年後頃）	母、再婚予定

主な各部屋の使用状況・在室時間など	何時〜何時	夜間		日中		食事時	
	部屋名 在室人数 使用状況	1F	2F	1F	2F	1F	2F
		1	2	1		バラバラ	
		母	子供		夜		

02 現在の建物概要

　規模や面積の把握は、これからプランニングするのに重要なこと。ここで確認申請などの必要書類があればお借りしてトレースする。建物調査では、状態を詳細にメモするための現況図を描き起こしておくことが非常に役立つからだ。契約書などは古い住宅ほど奥にしまわれているが、このタイミングでは必要な情報であり、追記して後々保存することになるので掘り起こしてもらおう。もし手元になければ、法務局などに保管されている場合もあるので、調査して必要な情報を手に入れる。

2 現在の建物概要		確認内容				
項目		確認内容				
住居形態		☑一戸建て　□集合住宅　□その他（				
所有者	土地	☑依頼主本人　□その他（				
	建物	☑依頼主本人　□その他（				
建物所在地		☑依頼主住所に同じ □依頼主住所と別（				
地域地区		※別途こちらで確認　第1種住居地域（200/60）　第一種住居 60/300				
主な構造		☑木造　□S造　□RC造　□SRC造　□コンクリートブロック　□混構造（ □その他（　　　　　　　　　□不明				
	確認方法	□目視　□設計図書等　☑その他（区役所				
規模	地上	□平屋建て　☑2階建て　□3階建て　　地下　□無し　□1階				
	確認方法	□目視　□設計図書等　□その他（				
面積	敷地面積	不明 ㎡				
	確認方法	□目視　□設計図書等　☑その他（法務局で確認するか				
	建築面積	不明 ㎡				
	確認方法	□目視　□設計図書等　☑その他（実測の上				
	延床面積	不明 ㎡（58.76）(1階)（25.06）㎡（2階）（24.70）㎡（3階）　　㎡				
	確認方法	□目視　□設計図書等　☑その他（実測の上				
引込設備の状況	上水	☑公営　□簡易　□井戸　□その他（				
	下水	☑下水道　□浄化槽　□汲取　□その他（				
	ガス	☑都市ガス　□プロパンガス　□その他（				
	電気	契約容量　30 A				
	通信	□アナログ　□光電話　☑ISDN　□その他（ケーブルテレビ				
保存図書	設計図書	☑無し　□付近見取図　□仕様書　□仕上表　□配置図　□平面図　□立面図　□断面図 □矩計図　□構造計算書　□構造伏図　□基礎伏図　□設備図　□その他（				
	検査関係	☑無し　□確認済証　□中間検査合格証　□検査済証				
	公庫関係	☑無し　□設計検査通知書　□中間現場検査通知書　□竣工現場検査通知書				
	性能表示	☑無し　□設計住宅性能評価　□建設住宅性能評価　□既存住宅性能評価				
	その他	□第三者機関による検査（機関名：				
新築時の関係者名	建築主	名称（両親　　　　　　連絡先（ □該当なし　□不明				
	設計者	名称（　　　　　　　　連絡先（ □該当なし　☑不明				
	工事監理者	名称（　　　　　　　　連絡先（ □該当なし　☑不明				
	工事施工者	名称（近隣大工　　　　連絡先（ □該当なし　□不明				
	販売業者	名称（　　　　　　　　連絡先（ □該当なし　□不明				

03 住まいの履歴

　建物ができてから今回のリフォームに至るまで、どのような経緯を辿ったのかをヒアリングする。いつ、どの箇所を、どの程度直したのかを把握しておくこと。

　住まいの履歴の中でも、設備の情報は大切である。住み手は表層をきれいにすることをまず求めるが、人間と同じで血管にダメージがあると、表層をきれいにしても無駄になる。設計者にとっては、求められていることと、こちらからやるべきことの提案をするきっかけをつくってくれる。

3　住まいの履歴（1 建築）

項目		確認内容
新築時	着工時期	☑不明　□1961 年　　　月頃　　約50年という記憶 根拠 →（　本人の乍レより　）
	竣工時期	☑不明　□　　年　　　月頃 根拠 →（　　）
増改築 修繕 改修 履歴	第1回	実施時期　1971 年（40年前）　月頃　□図面・書類等の記録有り　なし （内容）① タタミを上げて 土台を やり直したようだ 　　風呂場+台所を直した 　　└→ その時にガスを入れたのでは？ ② 2F 下屋であったところに 増築している (丘年？)
	第2回	実施時期　1996 年（15年前）　月頃　□図面・書類等の記録有り　なし （内容）① 電気 配線 やり直しをして アンテナを立てた。
	第3回	実施時期　2001 年（10年前）　月頃　□図面・書類等の記録有り　なし （内容）① 風呂カマを 交換 → 風呂をこわして やり変えた ② 建具を サッシに入れかえた ③ 押入を 無くして 部屋を 広げた　たたみ→フローリング ④ 屋根 鉄板 ふきかえた　⑤ トイレ直した
	第4回	実施時期　　年　　月頃　□図面・書類等の記録有り （内容）
	第5回	実施時期　　年　　月頃　□図面・書類等の記録有り （内容）
	第6回	実施時期　　年　　月頃　□図面・書類等の記録有り （内容）

さらにリフォームの場合、できることとできないことがあるので、まずクライアントがしてほしいことを聞いてから、予算やバランスを鑑みて提案することとなる。

3　住まいの履歴（2設備）			
項目			確認内容
給水管	第1回	実施時期	年　　　月　頃　□図面・書類等の記録有り なし
		(内容)	50年前のまま　…？（2度のリフォームの際は？）
	第2回	実施時期	年　　　月　頃　□図面・書類等の記録有り
		(内容)	前面道路方向には埋設されている
排水管	第1回	実施時期	年　　　月　頃　□図面・書類等の記録有り
		(内容)	50年前のまま　…？（2度のリフォームの際は？）
	第2回	実施時期	年　　　月　頃　□図面・書類等の記録有り
		(内容)	
給湯管	第1回	実施時期	年　　　月　頃　□図面・書類等の記録有り
		(内容)	おそらく風呂かま交換の際に室内型給湯器設置したのでは？
	第2回	実施時期	年　　　月　頃　□図面・書類等の記録有り
		(内容)	
給湯器	第1回	実施時期	年　　　月　頃　□図面・書類等の記録有り
		(内容)	(住み方によると薪がなくなった？)
	第2回	実施時期	年　　　月　頃　□図面・書類等の記録有り
		(内容)	(浴槽　ステンレス→FRPになった)
暖冷房設備	第1回	実施時期	年　　　月　頃　□図面・書類等の記録有り
		(内容)	10年ごとにエアコンが変わっている　1,2千英　2様 40年前 20年前 10年前　3回
	第2回	実施時期	年　　　月　頃　□図面・書類等の記録有り
		(内容)	灯油ストーブも同時期に変えている　2様
床暖房設備	第1回	実施時期	年　　　月　頃　□図面・書類等の記録有り
		(内容)	なし
	第2回	実施時期	年　　　月　頃　□図面・書類等の記録有り
		(内容)	
浄化槽	第1回	実施時期	年　　　月　頃　□図面・書類等の記録有り
		(内容)	なし
	第2回	実施時期	年　　　月　頃　□図面・書類等の記録有り
		(内容)	

04 劣化状況

　各履歴はヒアリングにより、住み手の歴史から繙かれるものであり、重要な情報になる。住宅医協会では、竣工後に「住宅履歴ボックス」を置く提案をしている。今後、施工者や設計者が変わっても、住宅の内容がわかることで維持管理がしやすくなるためである。ヒアリング調査と建物の詳細調査を行うことは、整理して保存することにおいても大切な仕事なのである。

　調査の際に、なぜシミがあるのか・亀裂があるのか、といった疑問が出た際に、災害時の爪跡なのか、構造の不具合なのかを判断する材料となる。

3　住まいの履歴（3災害）

項目		確認内容
被災履歴	地震	年 3/11 月 頃
	（内容）	風呂場にひびが入った
	火災	年　月　頃
	（内容）	
	水害	年　月　頃
	（内容）	
	その他	年　月　頃
	（内容）	10年前のリフォーム時に、床の水平を困った
耐震劣化等	診断履歴	年　月　頃
	（内容）	
	診断履歴	年　月　頃
	（内容）	
	診断履歴	年　月　頃
	（内容）	
	診断履歴	年　月　頃
	（内容）	

4　劣化状況

項目	時期	確認内容
割れ・欠損・傾斜・きしみ・建具の立て付けなど	3/11	風呂場にひび／2Fは体感出来るほど傾いている
雨漏り・漏水など		屋根アンテナ設置時に業者が床を踏み抜いて2F雨もりしたことがある
腐朽・蟻害・虫害など		風呂場まわり、隅、開口部腐朽している
シロアリ駆除履歴	第1回 実施時期／（内容）	なし
	第2回 実施時期／（内容）	年　月　頃　□図面・書類等の記録有り
外周部敷地	水はけ／工作物／その他	今まで問題なし

05 構造履歴

地盤調査はできる限り行いたい。建物が傾いている場合の是正は、既築でもさまざまな方法で直せる。災害時には保険で対処できたりするので、保険内容も住み手には見ておいてもらおう。

06 バリアフリー

おもに住み心地についてのヒアリングとなる。基準の数値が一定程度あるので、住み手の進言以前にリフォームの内容に含まれる事項となる。

5 構造関係

項目		確認内容
過去の土地の様子	現在の建築以前1	☑不明 □住宅地 □畑 □田んぼ □山林 □その他（　　） 年　頃まで
	現在の建築以前2	☑不明 □住宅地 □畑 □田んぼ □山林 □その他（　　） 年　頃まで
	現在の建築以前3	☑不明 □住宅地 □畑 □田んぼ □山林 □その他（　　） 年　頃まで
荷重の重い荷物の有無		□ピアノ　□蔵書（本棚　　個分くらい） ☑その他（2Fが傾いているので　タンス等すべて1Fに設置）

6 バリアフリー

項目		確認内容
使い勝手	不満なところ（プラン、動線など）	すべての部屋が通路になっていてプライヴァシーなし 収納が少なく荷物整理ができない 2Fも奥の部屋は通路の延長になっている
段差	玄関の状況	大きく 300㎜ 程度
	階段の状況	急で危険
	その他気になる所	トイレの前　玄関の段差 敷居が 20～30㎜
手摺	欲しい所	玄関　階段などは　箇所ではあるがついている
通路幅開口幅	不満な所	狭い　すべての部屋が通路になっている　動線悪い
浴室	不満な所	寒い　狭い　洗面と同室　暗い　脱衣場なし
便所	不満な所	狭い　出入口段差　戸をあけたら便器まる見え
その他	不満な所気になる所	外壁劣化激しい 寒い　暑い

07　室内環境

　風通しや日当たりについては、住み手が一番よく知っている。性能等級での断熱性能はもちろん確保するが、住み手の体感を知ることも大切である。この項目も設備同様に提案すべきことが多く、目に見えないけれど完成引き渡し後に「やってよかった」と日常で感じてもらえる内容になる。

7　室内環境

項目		確認内容
四季の気候状況（風向きや日当たり）		2F 南側のみ良好 南北に風は通る 2階は開け放てるが、掃出し窓でないので暑い。
夏場について ※通風、日射の方向、位置も確認する	快適性	□とても快適　□快適　□普通　☑少し不快　□とても不快
	快適の理由	□風通しがよい　□冷房をつけなくても快適な時間が多い　□冷房の効きがよい □冷房機器の性能がよい　□ジメジメしない　□その他（　　）
	不快の理由	☑風通しが悪い　□冷房の効きが悪い　☑いつも暑い感じがする　マドが開けられない □特に就寝時が暑い　□エアコンの冷風が気持ち悪い　□ジメジメする □日射が入りすぎる　□特に最上階が暑い ☑特に不快な場所がある（具体的に：今ほど冬寒く夏暑い）
	よく冷房をつける時間	□朝方　□日中　□夕食前　□夕食時　□夕食後　☑就寝時 □ほとんどつけない　□冷房機器無し　□その他（　　）
	よく冷房をつける部屋	□居間　□台所　□寝室　□子供部屋　□その他（　　） □ほとんどつけない　□冷房機器無し　1、2Fで人が居る場所の局所
冬場について ※隙間風、日射の方向、位置も確認する	快適性	□とても快適　□快適　□普通　☑少し不快　□とても不快
	快適の理由	□日当たりがよい　□暖房の効きがよい　□朝方でも寒くない　□床が暖かい □暖房機器の性能がよい　□家全体の温度差が少ない □部屋全体が均一に暖かい　□暖房をつけなくても暖かい時間が多い □その他（縁側は日光が良く入り昼間は快適
	不快の理由	☑日当たりが悪い　☑暖房の効きが悪い　☑いつも寒い感じがする □とくに朝方が寒い　□暖房機器の選択を誤った　□乾燥しすぎる ☑床が冷たい　☑部屋全体の暖かさが不均一　☑隙間風を感じる □特に不快な場所がある（具体的に：　　　　　）　□その他（　　）
	使っている暖房機器	☑エアコン　□石油ストーブ　□石油ファンヒーター　□ガスファンヒーター □FF式石油ファンヒーター　□FF式ガスファンヒーター　□床暖房 □オイルヒーター　□遠赤外線ヒーター　☑電気ストーブ　□温水ファンヒーター □温水パネルヒーター　□蓄熱ストーブ　□薪ストーブ　□ペレットストーブ □暖炉　□OMソーラー　□床下暖房　☑こたつ　□その他（ホットカーペット）
	よく暖房をつける時間	☑朝方　□日中　□夕食前　□夕食時　□夕食後　☑就寝時 □ほとんどつけない　□暖房機器無し　☑その他（人が居る時にその場所を）
	よく暖房をつける部屋	☑居間　□台所　□寝室　□子供部屋　□その他（　　） □ほとんどつけない　□暖房機器無し
結露する部位		☑ほとんど結露しない　□窓ガラス（激しく・少し）　□窓枠（激しく・少し）　□壁（激しく・少し） □押入れ、クローゼットなど（激しく・少し）　□その他（　　）
洗濯の干し方		（部屋干しの頻度、場所など）　毎日　2F 北側の部屋に
明るさ（昼光）		（暗くて不快な場所） （明るくて快適な場所）　2Fは明るさ不便なし （気になる点）　1Fは1日中電灯必要暗い

08 1年間のエネルギー使用量や金額

リフォーム前後の数値を比較することで、住み手に効果を見てもらうと同時に、その後の省エネの意識が高まる。もし過去の領収書がなくてもガス・電気・水道料金などはお客様番号でデータを入手できるので、事前に用意してもらう。

09 防耐火

火源の確認をする。コンロやストーブのほか、煙草を吸う場所などを聞いておく。

8 エネルギー（光熱費）

項目		確認内容							
設備	ガス設備	☑都市ガス　□プロパンガス　□オール電化							
	太陽熱温水器	□あり　☑なし							
	暖房	☑エアコン（1台）　☑電気ストーブ（1台）　□石油ストーブ（1台）							
		□薪ストーブ　□使用しない　□その他（コタツ　ホットカーペット）							
	冷房	☑エアコン（4台）　□使用しない　□その他（ ）							
	給湯	☑ガス給湯器2　□電気温水器　□エコキュート　□その他（ ）							
	調理	☑ガスコンロ　□IHクッキングヒー　□その他（サンヨーSR-S44J）							
	冷蔵庫	☑1台目（？年製頃）　□2台目（　年製頃）							
	テレビ	1台目　□ブラウン管（　型）☑液晶テレビ（32型）□プラズマテレビ（　型）							
		2台目　□ブラウン管（　型）□液晶テレビ（　型）□プラズマテレビ（　型）							
	ウォシュレット	□（　台）							

エネルギー使用量		電気		ガス		水道		灯油	
		使用量	金額	使用量	金額	使用量	金額	使用量	金額
2010年	1月	725 kWh	15984 円	43 m3	6371 円	m3	円	60 L	4950 円
2010年	2月	619 kWh	13574 円	36 m3	5474 円	27 m3	2210 円	60 L	4950 円
2010年	3月	477 kWh	10452 円	42 m3	6202 円	m3	円	60 L	4950 円
2010年	4月	431 kWh	9522 円	37 m3	5621 円	22 m3	961 円	L	円
2010年	5月	296 kWh	6142 円	35 m3	5425 円	m3	円	L	円
2010年	6月	218 kWh	4961 円	26 m3	5347 円	30 m3	2961 円	L	円
2010年	7月	311 kWh	7116 円	29 m3	4973 円	m3	円	L	円
2010年	8月	333 kWh	7792 円	15 m3	2927 円	32 m3	5066 円	L	円
2010年	9月	301 kWh	7081 円	17 m3	3258 円	m3	円	L	円
2010年	10月	209 kWh	5039 円	19 m3	3611 円	33 m3	6923 円	60 L	4950 円
2010年	11月	348 kWh	8350 円	30 m3	5192 円	m3	円	60 L	4950 円
2010年	12月	408 kWh	9826 円	35 m3	5752 円	27 m3	5423 円	60 L	4950 円

※不明の場合は、空欄にしておいてください。
※使用していない月は「0」を記入してください。

9 防耐火

項目	確認内容
火源の確認	（※ストーブを置く場所、タバコを吸う場所など） 人がいる場所　1Fさと例　2F南側の居室

10 配管・設備

新しい計画を練る際、配管がどこからどうつながっているのか先にルートを知っておくこと。配管などは古いものが残ったまま新しくされていたりするので、設計・施工時に混乱しないよう事情や履歴を聞いてルートを探っておく。

現在使用している家電など設備機器を書き出すことで、過剰に使用しているものや性能・能力が劣っている設備機器がわかり、リフォーム後、本当に必要としているものを提案することもできる。

10 配管・設備診断

項目	時期等	確認内容	
キッチン廻り		・シンクのタイプ	(**1槽** ・ 1槽ジャンボ ・ 2槽)
		・食器洗い機	(有り { 巾45cm ・ 巾60cm } ・ **なし**)
			(メーカー・品番等: パナソニック)
		・ガスコンロ	(標準3口 ・ 4口 ・ 業務用 ・ ビルトイン ・ **別置型**)
		・IHコンロ	(3口 ・ 2口+ハロゲン ・ 1口 ・ 別置型)
		・魚焼グリル	(**有り** { 両面焼き・**片面焼き** } ・ なし)
		・オーブン・レンジ	(オーブン単独 ・ レンジ付 ・ レンジ単独 ・ **なし**)
		・上記位置	(コンロの下ビルトイン ・ 別置型)
		・炊飯器	(ガス釜 ・ ガス釜+保温ジャー ・ **電気釜** ・ その他)
		・形状	(アイランド型 ・ 対面型 ・ **I型** ・ L型 ・ その他)
		・ポット	(**有り** ・ なし) 台数: 2 台
		・その他お持ちの機器	(**トースター** ・ コーヒーメーカー ・ **ジューサーミキサー**)
			(パン焼機 ・ 浄水器 ・ その他:)
洗濯室水栓等		・洗濯機	(**1槽全自動** ・ 2槽 ・ ドラム式 ・ 斜めドラム式)
		・乾燥機	(**洗濯機付属** ・ 洗濯機上部 ・ 床置型 ・ 使用しない)
		・洗濯ながし(SK)	(有り ・ **なし**) 場所:
		・屋外水栓	(有り ・ **なし**) 場所: 南東庭頭
換気扇給気口		・浴室	(なし・プロペラ・パイプファン・天井シロッコファン・換気乾燥暖房機)
		・洗面脱衣室	(なし・プロペラ・パイプファン・天井シロッコファン・換気乾燥暖房機)
		・WC	(**なし**・プロペラ・パイプファン・天井シロッコファン)
		・キッチン	(プロペラ ・ レンジフード ・ なし)
		・給気口	(有り ・ **なし**) シックハウス・キッチン・薪ストーブ用
テレビ電話インターネットFAXインターフォンセキュリティ		・テレビ	(**デジタル** ・ アナログ ・ 共聴 ・ なし)
			(光 ・ **BS** ・ **CS** ・ ケーブルTV ・ その他)
		・テレビ分配器位置	(ユニットバス上部 ・ 小屋裏 ・ 床下 ・ **不明**)
		・電話	(標準 ・ 光 ・ ケーブル ・ EO光 ・ **ISDN**)
		・電話親機位置	場所: リビング棚上 2F 南側の室
		・FAX	(**電話と同じ** ・ 光 ・ ケーブル ・ EO光 ・ ISDN)
		・インターネット	(ADSL ・ 光 ・ ケーブル ・ EO光 ・ **ISDN**)
			(ポケットWIFI ・ なし ・ その他)
		・モデム置場	場所: 2階書斎 2F 南側室
		・LAN	(無線LAN ・ 有線LAN) 場所: 2階書斎
		・インターフォン	(モニター付 ・ モニターなし ・ 電話本体連動) **なし**
			設置場所: キッチン南壁
		・セキュリティ	(有り {感知器連動 ・ 防犯カメラ} ・ **なし**)
分電盤		・分電盤	場所: **トイレ壁上部**
		・漏電ブレーカー	(有り ・ **なし**)
維持管理への配慮に関すること		配線 配管等 不明な点が多い 点検口なし 埋設 可能性大	

2 詳細調査を行う

　住まいの問診表でクライアントの住まい方がわかってきた。では次に、問診表を踏まえて設計者目線での詳細調査を行う。

　詳細調査は、リフォームゆえに住み手が住んでいる状況で行うことが多いので、負担をかけないように、できるだけ複数人で、かつ、1日で終わるようにしたいものである。施工業者が決まっているときには、彼らに手を借りて調査する方法も考えられるが、不慣れな場合があり、手分けしてそれぞれの箇所を詳細に調査報告するのは至難のこととなる。最初に、どこまで調査するかをはっきり示しておくこと。

　住宅医協会では、リフォーム時の詳細調査の重要性から、調査と報告書作成だけでも依頼可能な窓口を設けている。協会の修了生や受講生は、実際の建物を見て調査をサポートすることで、設計実務に役立つよう（ほぼ無料で）調査に参加するシステムになっていて、詳細調査に必要な人数が確保されている。

　報告書作成には多少費用がかかるので、設計者1人では難しい……と臆さずに詳細調査用予算を確保して依頼してもよい。

詳細調査に必要な資料

　詳細調査は、住宅の位置の把握から始まり、住宅の各部分の寸法、床下や壁の中を調べて状況を確認していく作業である。実務レベルでの大切な作業ながら、住み手に負担のかからないよう短時間にすませることが要求されるので、事前の準備はしっかり行っておきたい。ここでもポイントを押さえたチェックシートを使用する（01〜14）。

人数が多くなる場合、昼食やトイレなどの配慮も必要

　詳細調査は、なるべく短時間で済ませよう。当日は朝8時に集合して午前中調査、昼食時に報告（共有）、午後は足りていない部門への人員の手当てや結果報告書の作成作業（当日、チームリーダーに調査の内容を伝達する必要がある）、後片付けとなり、結果的に夕刻まで（暗くなるまで）かかる。チームリーダーにはデジカメで撮ったデータを部門ごとに渡し、調査内容はできるだけ細かく書き起こしてもらうこと。小屋裏や床下の調査は非常に困難なので、すぐに書面化しないと忘れてしまうからである。どれだけ丁寧に対処しても、調査漏れの部分がないとは言えないので、画像は無駄と思えるほど撮っておくことがポイントである。チームリーダーは、まとまった資料をもとに設計にあたるので、情報はもれなく集めて渡そう。

調査スケジュールや人員の割り振り

　当日は、調査する住宅に入る前に、打合せをして確認しておく。午前、午後の内容は効率良く割り振る。

設計者と住宅医協会で募集し、集まった面々（12人）の打合せ。チームリーダー（設計者＋住宅医）が中心となり、1日のスケジュールやそれぞれの調査担当を割り振っていく

リストをボードに添付して作業する

チェックシートの内容

01 建物詳細調査・概要

調査を行う建物の地図や規模をわかりやすくまとめたもの。当日の集合時間と場所、トイレの有無、昼食の準備などについて記載しておく。

02　調査スケジュール・分担表

　誰がどこを調査するのか、時間の割り振りを表にしたもの。

　調査は採寸、仕上げ、劣化、設備、床下、小屋裏（1階天井裏）の6チームに分ける。チームリーダー（住宅の設計を依頼された担当者＋住宅医）は全体を総括することになるので、なるべく床下や小屋裏に入らないチームに属して目につきやすい場所にいるようにし、適宜指揮をとる。

　午前中の様子を昼食時に集合して報告し合い、早く終わったチームは他のチームのサポートにまわる。

建物詳細調査計画書　＜調査スケジュール・分担表＞

チーム（●サブリーダー）	Time	8:00-9:00	9:00-12:00	12:00-13:00	13:00-16:00	16:00-17:00
統括	田中ナオミ	集合挨拶・調査用具搬入・着替え・調査内容打合せ・用具類準備	□ 矩形図他採寸　□ 外注対応	昼食・調査進捗・途中結果等確認・午後の作業分担調整	□ 矩形図他採寸　□ 全体管理	清掃片付・着替え・調査結果報告・記録資料受け渡し
1	住宅太郎●／住宅花子		□ 内部(仕上・仕様)		□ 内部(ﾊﾞﾘｱﾌﾘｰ)	
2	住宅太郎●／住宅花子		□ 劣化(外部)　□ 設備配管(外部)		□ 劣化(内部)　□ 設備配管(内部)	
3	住宅太郎●／住宅花子		□ 床下(伏図・構造)		□ 床下(伏図・構造)　□ 床下(劣化)	
4	住宅太郎●／住宅花子		□ 1階天井裏(伏図・構造)		□ 1階天井裏(伏図・構造)　□ 1階天井裏(劣化)	
5	住宅太郎●／住宅花子		□ 小屋裏(伏図・構造)		□ 小屋裏(伏図・構造)　□ 小屋裏(劣化)	
6						
7						
8						
9						
10						
外注	地盤調査		9:00〜（株）●●●●　担当：●●　TEL 090-000-0000			

建物詳細調査計画書　＜各調査員が持参する調査用具＞

分類		チェック		チェック
装備類	□つなぎ(ヤッケ・使い捨てつなぎ等)		□腰袋・釘袋・ウェストポーチ等	
	□着替え		□足袋・スニーカー等(床下・小屋裏用)	
	□タオル		□ヘルメット(床下・小屋裏用)	
	□軍手		□ゴーグル(床下・小屋裏用)	
	□マスク			
用具・器具類	□消せるボールペン(黒・赤・青)		□マグライト(懐中電灯)	
	□コンベックス		□デジカメ(防塵)	
	□ドライバー			
	□バールハンマー			
	□クラックスケール			

Copyright © 2014 Society of Architectural Pathologists Japan. All Right Reserved.

03 用具リスト

　誰が何を用意するのか、という用具リスト。こういったリストは、調査を重ねるごとに必要なものが整理されていく。撤収の際に用具の忘れ物がないようにチェックできるという利点もある。

調査用具リスト

1. 調査員各自で持参する物

分類		チェック		チェック
装備関係	□ 作業着		□ 軍手	
	□ 着替え		□ マスク	
	□ タオル		□ つなぎ・ヤッケ等（※床下、小屋裏担当者のみ）	
			※軍手、マスク、簡易つなぎは、事務局でも用意します。	
用具・機器類	□ コンベックス（※持参可能な方のみ）		□ デジカメ（※持参可能な方のみ）	
			□ マグライト（※持参可能な方のみ）	

2. 事務局で用意する物

分類		チェック		チェック
測定・照明機器類	□ 鉄筋探知機 (1)		□ レーザーレベル (1)	
	□ 下地チェッカー (2)		□ レーザーレベル受光器 (1)	
	□ 傾斜測定器 (1)		□ レーザーレベル三脚 (1)	
	□ 木材含水率計 (2)		□ レーザー距離計 (5)	
	□ 防湿デジカメ (4)		□ 水平機 (1)	
	□ 懐中電灯一大 (2)		□ 灯光器一大 (4)	
	□ 懐中電灯一中 (2)		□ 灯光器一小 (2)	
	□ マグライト (6)		□ 電源コード (6)	
	□ ヘッドライト (4)		□ ノートPC (1)	
測定用具類	□ コンベックス (6)		□ パールハンマー (2)	
	□ 巻尺一大 (1)		□ 点検鏡 (1)	
	□ 巻尺一小 (1)		□ ルーペ (1)	
	□ ミニ金尺 (2)		□ 方位磁石 (1)	
	□ クラックスケール (3)		□ ピンセット (3)	
	□ 写真No (10)		□ 定規セット (1)	
工具類・養生関係	□ マルノコ・手ノコ		□ ハンマー	
	□ インパクト		□ スコップ	
	□ ドライバーセット		□ ベンチ	
	□ バール一大 (3)		□ 釘・ビスセット	
	□ バール一小 (2)		□ ボンド	
	□ 脚立一大 (1)		□ 脚立一大 (2)	
	□ ブルーシート		□ 養生テープ・ガムテープ	
予備電池	□ 単1		□ 9V	
	□ 単3		□ デジカメ用	
	□ 単4			
装備関係ほか	□ カゴ (6)		□ ウェストバッグ (6)	
	□ 救急箱		□ 軍手	
	□ 虫よけ		□ マスク	
	□ ゴミ袋		□ スリッパ	
	□ Wティッシュ・チリ紙		□ 使い捨てつなぎ	
	□ ホウキ・チリトリ (2)		□ ゴーグル (4)	
	□ 雑巾		□ ヘルメット (4)	
	□ 台車		□ クーラーボックス	
調査用紙・文具類	□ A3画板		□ 平面図	
	□ 3色ボールペン		□ 配置図	
	□ 消せるボールペン		□ 仕上表	
	□ 蛍光ペン		□ 伏図用下図	
	□ ドラテ・メンテ		□ 方眼紙	
	□ カッター・ハサミ		□ トレペ	
	□ ホッチキス・クリップセット		□ 調査計画書	

3. 現地で借りる物

分類		チェック		チェック

4. その他

分類		チェック		チェック

床下や小屋裏に入って調査をする人が使う汚れ防止用のつなぎ（カバーオール）なども準備している

スケールや、スポット照明、筆記用具など調査に必要な用具がわかりやすく箱に整理されて並べられている。各チームの担当者は、この箱から必要な用具を持っていく

脚立、ドライバー、バールハンマーなど

灯光器、ブルーシート、ヘッドライト、電源など

鉄筋探知機、下地チェッカー、傾斜測定器など

レーザーレベル、デジカメなど

04 詳細調査チェックシート（採寸チーム用）

おもな調査内容

○各階の平面図・矩計図・配置図を実測の上、作成する。

古い住宅では図面がないことも多く、または、あっても増改築などのプロセスで内容が変わっていることがほとんどである。現状をチェックして採寸した上で改めて図面化することは、その後のメンテナンスにも非常に重要である。採寸する際には、できるだけ情報を図面に落とし込んでいく。

採寸項目	詳細調査 チェックシート 調査内容	記入者名 / 記録物 図面記入	写真撮影
平面図	□ 各階平面 詳細寸法の採寸（事前調査の作図であいまいだった部分を中心に） ※ 方位含む ※ 真壁部分の柱断面寸法含む （原則、設計担当者（調査用平面図作成者）が担当する）	□ 平面図	
矩形図	□ 矩形図作成 ※ 玄関や掃出し窓部分 　〜基礎の根入れ、GLからの床高 ※ 床下調査侵入口付近 　〜地面からの高さ・各材料の断面 ※ 階段部分〜階高 ※ 1階天井裏調査侵入口付近 　〜2階床高・各材料の断面 ※ 小屋裏調査侵入口付近 　〜桁・棟木高、各材料の断面、屋根勾配（傾斜測定器にて：勾配換算は「劣化」参照） （原則、設計担当者（調査用平面図作成者）が担当する）	□ 方眼紙	
配置図	□ 敷地境界長さ採寸 □ 建物の位置採寸 □ 門扉・塀・物置等の位置採寸 □ 前面道路幅採寸 □ 前面道路〜敷地・アプローチ部分のレベル測定（※レーザーレベルにて）	□ 配置図	
バリアフリー	□ 段差の採寸 ・玄関土間〜くつずり　くつずり〜外部土間 ・玄関の上がり框 ・畳コーナー等 ・浴室の出入口　浴槽のまたぎ ・バルコニーの出入口 ・各室出入口の敷居 ・勝手口、掃出し窓 ・階段の蹴上げ、蹴込み、踏面 □ 出入口等の幅、部屋の大きさの採寸 ・階段の幅 ・廊下の幅 ・出入口の幅（玄関、浴室、便所、各室） ・浴室の大きさ（短辺、長辺） ・便所の大きさ 　（短辺、長編、便器前方の空き、便器側方の空き） □ 手すりの有無 ・設置箇所、形状、寸法	□ 平面図	□ 採寸箇所 （メジャーをあてて）
調査用具	□ 詳細調査　チェックシート □ A3画板 □ 筆記用具（3色ボールペン・消えるボールペン） □ 平面図（必要枚）、方眼紙（必要枚）、配置図 □ コンベックス、巻尺 □ レーザー距離計 □ デジカメ □ マグライト □ 方位磁石 □ スコップ（基礎根入れ深さ採寸のため） □ レーザーレベル、受光器、三脚		

○出入口や浴室など床段差の実測
○出入口・階段・廊下・トイレなどの幅の実測
○手すりの有無を確認

各階の平面図など、図面を作成するために細かく採寸する。あらかじめ図面があっても変更が重なっている場合も多いため、実測できる場所はできる限りチェックする。そのときに段差や幅、手すりの有無など、バリアフリーの情報も併せて押さえておくこと

05 詳細調査チェックシート（仕上げチーム用）

おもな調査内容

内部
- ○床、壁、天井の仕上げ材をそれぞれ調べる。仕上げ材は表層なので問題ないが、断熱材を各室で調査（種類・厚さ・建材名）する場合、リフォームの内容によって壁や天井にあらかじめ穴をあけて見る必要があるので、他の調査と併せて打合せが必要になる。
- ○天井高さの実測
- ○開口部調査（高さ、幅、仕様、障子やカーテンの付属物）

外部
- ○軒、庇の確認と実測。樋の有無、劣化の確認

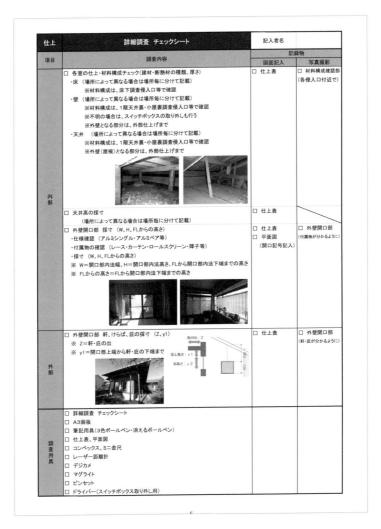

06 詳細調査チェックシート（劣化チーム用）

おもな調査内容

内部・外部	○全体に亀裂や水シミの跡、腐朽箇所の確認（程度、寸法）。目視できる部位で亀裂などはスケールを当てて撮影。たとえば外壁の亀裂は0.5mm以上ある場合、雨水の浸入が疑われる。
内部	○床鳴り、建具の開閉を調査。柱、床の傾斜を実測する。どの方向に傾いているかで、土台の腐朽予想（蟻害、雨漏り）ができる。

劣化項目	詳細調査 チェックシート	記入者名	
	調査内容	記録物	
		図面記入	写真撮影
内部・外部	□ 亀裂、割れ、浮き、はがれ シール切れ、目地空き、緩み の有無 □ 水浸み痕、変色、サビ、コケ、カビ、腐朽、蟻害 の有無 ・劣化箇所および劣化内容を平面図に記入 ※亀裂は0.5mm以下のヘアクラックは除く ※白色の場合、カビか腐朽菌かを見分けることは現場では困難 ※押入等の内部、タンスの裏などの結露、結露痕の有無も確認 ※打診・刺診（可能な場合）により、劣化状況も確認 （木部で10mm程度容易に刺さる場合は劣化が疑われる） ・バルコニーの排水の仕組みも平面図に記入（ドレイン・樋・なし等）	□ 平面図	□ 劣化箇所 （遠景・近景の2枚） （亀裂はクラックスケールをあてて） （打診・刺診箇所は打診・刺診の様子も）
内部	□ 床鳴り、建具開閉の不具合 ・劣化の内容を平面図に記入 □ 柱傾斜（傾斜測定器にて、原則全ての柱を測定） ・「●/1000」の●の数値と傾き方向の「→」を記入 ※大壁の場合は柱があると思われる部分の仕上で測定 □ 床傾斜（傾斜測定器にて、過度な傾斜が感じられた部分のみ測定 ・「●/1000」の●の数値と傾き方向の「→」を記入 ※全体的に過度な傾斜がある場合は、レーザーレベラーにて各部レベルも測定 【角度→●/1000 換算表】 　0.1°→2　0.6°→11　1.1°→19　1.6°→28 　0.2°→4　0.7°→12　1.2°→21　1.7°→30 　0.3°→5　0.8°→14　1.3°→23　1.8°→31 　0.4°→7　0.9°→16　1.4°→24　1.9°→33 　0.5°→9　1.0°→18　1.5°→26　2.0°→35 【寸勾配→角度°　換算表】 　0.5寸→2.86°　1.0寸→5.71°　1.5寸→8.53°　2.0寸→11.31° 　2.5寸→14.04°　3.0寸→16.70°　3.5寸→19.29°　4.0寸→21.80° 　4.5寸→24.23°　5.0寸→26.57°　5.5寸→28.81°　6.0寸→30.96	□ 平面図 □ 平面図	□ 劣化箇所 （遠景・近景の2枚） □ 測定箇所 （特に数値が多い箇所・敷枚程度） （遠景・近景の2枚）
調査用具	□ 詳細調査 チェックシート □ A3画板 □ 筆記用具（3色ボールペン・消えるボールペン） □ 平面図（必要枚） □ コンベックス □ デジカメ □ マグライト □ クラックスケール □ パールハンマー □ 点検鏡 □ ドライバー（刺診用）、ルーペ（屋外劣化目視用）		

外壁の亀裂をスケールで実測する。亀裂が0.5mm以上の場合は、雨水浸入のおそれがある

軒先破風板＋モルタルの劣化。水シミが見られるので屋根から雨漏りが予想される

軒先の換気口の劣化。虫が入り込んでいたり雨漏りによる劣化のおそれがある

07 詳細調査チェックシート（設備チーム用）

おもな調査内容

内部 ○各階電気配線、給排水衛生設備、消火設備の調査（器具品番・メーカー・取付け方）。何Aの契約なのか、家電が集中している箇所にはどんなものがあるのかをチェックすること。

外部 ○電気引込、メーターボックス、アンテナ、空調室外機など給排水引込、桝、雨水、給湯器、ガスを見る。インターネット配線のようにあとから施工されたものや、排水・給水などルートを見る。菅の太さ、桝の大きさ、地盤面の様子も、画像付きで劣化状況のコメントを入れる。

設備 項目	詳細調査 チェックシート 調査内容	記入者名	
		記録物	
		図面記入	写真撮影
内部	□ 各階平面 電気設備プロット ・分電盤、換気扇、照明、コンセント、スイッチなど全て ・冷暖房機器、主要家電含む（冷蔵庫、テレビ、電子レンジ、洗濯機等） ※メーカー、品番等が記載されたものは、記載部分も撮影する。 電気設備 凡例 ダウンライト／埋込2ヶ口コンセント／火災報知器 シーリングライト／アース端子埋込コンセント／換気扇 ペンダントライト／防水型埋込コンセント／給気口 引掛けシーリング／エアコン用埋込コンセント／リモコン ブラケットライト／インターホン／エアコン スポットライト／TVアンテナ引出口／分電盤 蛍光灯／電話受口／弱電盤	□ 平面図	□ 設備機器全て （遠景・近景の2枚） （品番）
	□ 各階平面 給排水衛生設備プロット ・便器、手洗器、水栓など全て ・シンク、手洗器等の下部の排水トラップ部も、撮影する。 ※メーカー、品番等が記載されたものは、記載部分も撮影する。 給排水衛生設備 凡例 給水栓／給湯栓／混合水栓 汚水桝／雨水桝／量水器 給水管／排水管 給湯管／ガス管	□ 平面図	□ 設備機器全て （遠景・近景の2枚） （品番） （排水トラップ部分）
	□ 各階平面 消火設備プロット ・火災報知器 ・消火器	□ 平面図	□ 設備機器全て （遠景・近景の2枚） （品番）
外部	□ 電気設備プロット ・引込位置、メーターボックス ・室外機、照明、コンセント、アンテナ □ 給排水衛生設備プロット（ガス含む） ・引込位置、メーターボックス、汚水排水マス、雨水マス、配管経路 ・給湯器 ※排水マスは開けて状態も確認 ※メーカー、品番等が記載されたものは、記載部分も撮影する。	□ 平面図	□ 設備機器全て （遠景・近景の2枚） （品番）
調査用具	□ 詳細調査 チェックシート □ A3画板 □ 筆記用具（3色ボールペン・消えるボールペン） □ 平面図（必要枚）、配置図 □ コンベックス □ レーザー距離計 □ デジカメ □ マグライト □ ミニバール(マス開閉用)		

08 詳細調査チェックシート（床下チーム用）

おもな調査内容

○床下への進入口を準備（床下点検口、収納庫、畳の下など）。
　どこにも入口がない場合は、リフォームの方向性によって実際に穴をあける。T邸調査時は床下侵入口を2カ所設けて、その穴で地盤調査（S.S式）を行った。
○基礎・土台伏図作成、金物、火打ちなど構造の確認。
○床下の劣化を調査する（含水率、亀裂や腐朽、蟻害の調査）。

床下		詳細調査　チェックシート	記入者名	
項目		調査内容	記録物	
			図面記入	写真撮影
準備		□ 床下侵入口の準備（床下収納庫、和室など） ※出入りで汚れるため、周囲をブルーシートで養生する		
伏図作成・構造チェック		□ 基礎伏図作成 ※幅、束石、人通口　の位置・大きさ　含む ※全景写真は、撮影していない箇所が無いように数枚撮影 ※調査不可能部分も明記	□ 平面図＋トレペ	□ 全景 （必ず「撮影No.帳」も撮影）
		□ 土台伏図作成 ※樹種（不明な場合は推測）、断面寸法、継手位置・形状　含む ※地束、根太　含む ※全景写真は、撮影していない箇所が無いように数枚撮影 ※調査不可能部分も明記	□ 平面図＋トレペ	□ 全景 （必ず「撮影No.帳」も撮影）
		□ 構造チェック ・アンカーボルトの有無、位置 ・基礎配筋の有無（鉄筋探知機、人通口の状態等により判断） ・柱脚金物、筋かい、筋かい端部金物の有無（見える場合のみ） ・火打ちの位置、材種	□ 平面図＋トレペ	□ 確認箇所 （遠景・近景の2枚） （必ず「撮影No.帳」も撮影）
準備		□ 基礎伏図・土台伏図（トレペ）のコピー ・午後の調査下図を、昼休みにコンビニでコピーする（10枚程度）		
劣化チェック		□ 劣化チェック①（目視・刺診） ・亀裂（ヘアクラックは除く）、割れ、はがれ ・水浸み痕、変色、カビ ・腐朽（白色、褐色）、蟻道、蟻害 ※シロアリ駆除処理の有無もチェック ※腐朽・蟻害等が疑われる部分は、ドライバーによる刺診を行う 　（10mm程度容易に刺さる場合は劣化が疑われる） ※腐朽・蟻害の箇所は、残存断面のおよその割合も記録 　（cf.残存断面80％以上→要部材補修、残存断面80％未満→要部材交換）	□ 基礎伏図 □ 土台伏図	□ 劣化箇所 （遠景・近景の2枚） （必ず「撮影No.帳」も撮影）
		□ 劣化チェック②（含水率） ・推定樹種に応じて、含水計の比重を調整 ・劣化部、及び劣化が疑われる箇所を測定 ・主要箇所（4隅と中央部：最低5か所）を測定	□ 土台伏図	□ 測定箇所 （敷き布のみでOK） （遠景・近景の2枚） （必ず「撮影No.帳」も撮影）
断熱・設備		□ 断熱チェック ・断熱材の種類・厚さ、位置、たわみ、めくれ ・基礎換気口の位置、サイズ	□ 基礎伏図 □ 土台伏図	□ 確認箇所 （遠景・近景の2枚） （必ず「撮影No.帳」も撮影）
		□ 配管・配線設備チェック ・配管のサイズ、経路をプロット　　配管のたわみ、抜け、変形の有無 ・配線設備（中継器、アンテナ増幅器等）のプロット		
調査用具		□ 詳細調査　チェックシート、A3画板、筆記用具（3色ボールペン・消えるボールペン）、定規 □ 平面図、トレペ（必要枚数）、ドラテ・メンテ □ コンベックス、レーザー距離計、防塵デジカメ、撮影No.帳、含水率計 □ 投光器、電源コード、ヘッドライト（記録者用）、懐中電灯（調査者用） □ クラックスケール、ドライバー（刺診用）、ブルーシート、養生テープ、ヘルメット □ バール（釘抜き付）、ハンマー、手ノコ・丸ノコ・インパクト（必要な場合）、釘・ビス		

○床下の断熱、設備配管経路状況を調査する。

基礎の立ち上がり状況では分断されて見ることができない場所も出てくる。できる限り事前に情報を集めたいので、穴をあけてリフォームまで簡易にふさぐ方法をとる。

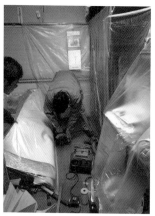

クライアントが住んでいる状況で調査をするので、養生はしっかりと行う

床下点検口や床下収納がない場合、工務店の力を借りて床下への進入路を設ける必要がある。あらかじめリフォームで壊す部位などに開口を設ける

2階床下などは畳を上げて荒板を外して調査する。くれぐれも踏み抜かないように注意

床下にはカバーオールなどを着てヘッドライトを点けて入る。身動きがとりにくいので、用具をまとめて持ち込む

基礎がある場合は鉄筋のチェックをする。図面があってもひととおり見ておく

床下の木材の含水率や水平、金物も見る。床下の含水率が高く、蟻害がある場合が多い

09 詳細調査チェックシート（小屋裏チーム用）

おもな調査内容

- 小屋裏進入口の準備。
- 小屋伏図作成、金物等構造の確認。
- 小屋裏の劣化を調査する（含水率、腐朽、亀裂など）。
- 小屋裏の断熱、電気配線等の経路状況を調査する。

押入の上部で中の物を全部出してベニヤをずらすと入れることが多い。ただし脚立などで足場を確保することと、一旦中に入ると出入りが難しいので、照明やスケールといった道具を揃えておく。くれぐれも天井を踏み抜かないよう、大きな梁に乗って調査すること。

小屋裏	詳細調査 チェックシート	記入者名	
項目	調査内容	記録物	
		図面記入	写真撮影
準備	□ 小屋裏侵入口の準備（押入れ、収納上部、点検口など） ※出入りで汚れるため、周囲をブルーシートで養生する		
伏図作成・構造チェック	□ 小屋伏・小屋梁伏 作図 ※樹種（不明な場合は推測）、断面寸法、継手位置・形状 含む ※小屋束、下階の柱、垂木 位置・断面寸法 含む ※全景写真は、撮影していない箇所が無いように数枚撮影 ※調査不可能部分も明記	平面図＋トレペ	□ 全景 （必ず「撮影No.帳」 も撮影）
	□ 構造チェック ・継手仕口金物（羽子板、短冊、かすがい等）の有無、位置 ・雲筋かいの有無、位置 ・下階壁の筋かい、筋かい端部金物の有無（見える場合のみ） ・火打ちの位置、材種	平面図＋トレペ	□ 確認箇所 （遠景・近景の2枚） （必ず「撮影No.帳」 も撮影）
準備	□ 小屋伏・小屋梁伏図（トレペ）のコピー ・午後の調査下図を、昼休みにコンビニでコピーする（10枚程度）		
劣化チェック	□ 劣化チェック①（目視・刺診） ・亀裂（ヘアクラックは除く）、割れ、はがれ ・水浸み痕、変色、カビ ・腐朽（白色、褐色）、蟻道、蟻害 ※腐朽・蟻害等が疑われる部分は、ドライバーによる刺診を行う （10mm程度容易に刺さる場合は劣化が疑われる） ※腐朽・蟻害の箇所は、残存断面のおよその割合も記録 （cf.残存断面80％以上→要部材補修、残存断面80％未満→要部材交換）	□ 小屋伏図 □ 小屋梁伏図	□ 劣化箇所 （遠景・近景の2枚） （必ず「撮影No.帳」 も撮影）
	□ 劣化チェック②（含水率） ・推定樹種に応じて、含水率計の比重を調整 ・劣化部、及び劣化が疑われる箇所を測定 ・主要箇所（4隅と中央部：最低5か所）を測定	□ 小屋伏図 □ 小屋梁伏図	□ 測定箇所 （数か所のみでOK） （遠景・近景の2枚） （必ず「撮影No.帳」 も撮影）
断熱・構造	□ 断熱チェック ・断熱材の種類・厚さ、位置、たわみ、めくれ ・小屋裏換気口の位置、サイズ	□ 小屋伏図 □ 小屋梁伏図	□ 確認箇所 （遠景・近景の2枚） （必ず「撮影No.帳」 も撮影）
	□ 配管・配線設備チェック ・配管のサイズ、経路をプロット ・配管のたわみ、抜け、変形の有無 ・配線設備（中継器、アンテナ増幅器等）のプロット		
調査用具	□ 詳細調査 チェックシート □ A3画板 □ 筆記用具（3色ボールペン・消えるボールペン）、定規 □ 平面図、トレペ（必要大）、ドラテ・メンテ □ コンベックス、レーザー距離計 □ 防塵デジカメ、撮影No.帳、含水率計 □ 灯光器、電源コード、ヘッドライト（記録者用）、懐中電灯（調査者用） □ ドライバー（刺診用） □ バール（釘抜き付）、ハンマー、手ノコ・丸ノコ・インパクト（必要な場合）、釘・ビス □ ブルーシート、養生テープ、ヘルメット		

10 詳細調査チェックシート（1階天井裏チーム用）

おもな調査内容（小屋裏チームと内容は同じなので兼ねることも）
・1階天井裏進入口の準備
・1階天井裏は、壁が立ち上がっていたり、大きな梁が渡っていて天井裏の懐も大きくないので途中で分断されてしまい、小屋裏のように全体を見とおせることが少ない。押入の上や照明器具を外した箇所からのぞいて部分的に推測する。また、2階の床が畳の場合、2階の床からのぞける場合もある。調査内容は小屋裏と同じ。

1階天井裏 項目	詳細調査　チェックシート 調査内容	記入者名	
		記録物	
		図面記入	写真撮影
準備	□ 1階天井裏（2階床下）侵入口の準備（押入れ、収納上部、点検口、和室など） ※出入口で汚れるため、周囲をブルーシートで養生する		
伏図作成・構造チェック	□ 2階床伏　作図（下屋小屋含む） ※樹種（不明な場合は推測）、断面寸法、継手位置・形状　含む ※下階の柱、根太　位置・断面寸法　含む ※全景写真は、撮影していない箇所が無いように数枚撮影 ※調査不可能部分も明記	□ 平面図+トレペ	□ 全景 （必ず「撮影No.帳」も撮影）
	□ 構造チェック ・継手仕口金物（羽子板、短冊、かすがい等）の有無、位置 ・震防かいの有無、位置　（※下屋小屋裏） ・下階壁の筋かい、筋かい端部金物の有無（見える場合のみ） ・火打ちの位置、材種	□ 平面図+トレペ	□ 確認箇所 （遠景・近景の2枚） （必ず「撮影No.帳」も撮影）
準備	□ 2階床伏伏図（トレペ）のコピー ・午後の調査下図を、昼休みにコンビニでコピーする（10枚程度）		
劣化チェック	□ 劣化チェック①（目視・刺診） ・亀裂（ヘアクラックは除く）、割れ、はがれ ・水浸み痕、変色、カビ ・腐朽（白色、褐色）、蟻道、蟻害 ※腐朽・蟻害等が疑われる部分は、ドライバーによる刺診を行う （10mm程度容易に割れる場合は劣化が疑われる） ※腐朽・蟻害の箇所は、残存断面のおよその割合も記録 （cf 残存断面80％以上→要部材補修、残存断面80％未満→要部材交換）	□ 2階床伏図	□ 劣化箇所 （遠景・近景の2枚） ※必ず「撮影No.帳」も撮影
	□ 劣化チェック②（含水率） ・推定樹種に応じて、含水率計の比重を調整 ・劣化部、及び劣化が疑われる箇所を測定 ・主要箇所（4隅と中央部：最低5か所）を測定	□ 2階床伏図	□ 測定箇所 （数か所のみでOK） （遠景・近景の2枚） （必ず「撮影No.帳」も撮影）
断熱・構造	□ 断熱チェック ・断熱材の種類・厚さ、位置、たわみ、めくれ ・小屋裏換気口の位置、サイズ（※下屋小屋裏）	□ 2階床伏図	□ 確認箇所 （遠景・近景の2枚） （必ず「撮影No.帳」も撮影）
	□ 配管・配線設備チェック ・配管のサイズ、経路をプロット ・配管のたわみ、抜け、変形の有無 ・配線設備（中継器、アンテナ増幅器等）のプロット		
調査用具	□ 詳細調査　チェックシート □ A3画板 □ 筆記用具（3色ボールペン・消えるボールペン）、定規 □ 平面図、トレペ（必要枚）、ドラテ・メンテ □ コンベックス、レーザー距離計 □ 防湿デジカメ、撮影No.帳、含水率計 □ 灯光器、電源コード、ヘッドライト（記録者用）、懐中電灯（調査者用） □ ドライバー（刺診用） □ バール（釘抜き付）、ハンマー、手ノコ・丸ノコ・インパクト（必要な場合）、釘・ビス □ ブルーシート、養生テープ		

11～14については、既存住宅に現状保存図面がある場合は、入手しておく。調査の際に変わっている可能性があるが、どういう理由でいつ変更したのかがわかるし、ヒアリング（カウンセリング）の際の履歴を繙くきっかけになる。何より構造や仕様など、すぐには見られない部位の判断材料として貴重な資料になる。

11 内部仕上げ表（一部）

あらかじめわかっている（もしくは入手できる）場合は用意しておく。
リフォームするので表層を変える可能性は大きいが、下地、設備の詳細がわかるので、あると助かる。

階	室名	床	壁	天井	造作	設備 ※設備図参照
1階	ポーチ	（新規）ビリ砂利洗い出し	新規外壁に準ずる			照明
	出入り口	（新規）ビリ砂利洗い出し 新規上がり框 無垢材 OF 厚40mm程度	新規壁共通仕様： PB t 12.5 + クロス貼り	新規天井共通仕様： PB t 9.5 + クロス貼り	玄関ものいれ 棚柱 + 可動棚板 ※展開図参照	照明 + スイッチ + コンセント
	階段下収納	（新規）床下地：構造用合板24mm （新規）長尺シート：ロンリウム2mm	（新規）PB t 12.5 のまま	階段裏あらわし		照明 + スイッチ + コンセント パイプファン
	ホール 廊下	1階床共通仕様： 既存床下地 + 45 （新規）フローリング t 15mm Ⓐ	新規壁共通仕様：	新規天井共通仕様：	廊下ものいれ 棚柱 + 可動棚板	照明 + スイッチ + コンセント
	台所 ダイニング・リビング	キッチン床：床共通仕様： ※床下収納庫（既存） リビングダイニング床：床共通仕様 Ⓐ 床暖房	新規壁共通仕様：	新規天井共通仕様：	床下収納庫（新規交換）	照明 + スイッチ + コンセント 給排水 分電盤 電話（インターフォン） TV シンク 混合水栓 換気扇 給湯器エアコン 床暖房コントローラー 温水床暖房 1フン電源 換気扇 配管配線
	両親寝室	1階床共通仕様：Ⓐ	新規壁共通仕様： 間仕切り 9t - 24mm	新規天井共通仕様：	ステンレスパイプ φ28mm ※展開図参照	照明 + スイッチ + コンセント TV 1フン電源 換気扇 配管配線
	予備室	既存床下地 畳 ： ジュロク90 t 60 ダイケン Ⓒ	新規壁共通仕様：	新規天井共通仕様：	押入れ 壁収納棚 金スリル + 可動棚板 ※家具図参照	
	トイレ①	既存床下地 + 45 （新規）長尺シート：ロンリウム2mm Ⓒ	新規壁共通仕様：	新規天井共通仕様：	紙巻器 便器（既存移設）	照明 + スイッチ + コンセント 給排水 換気扇
	洗面室	既存床下地 + 45 （新規）長尺シート：ロンリウム2mm Ⓒ	新規壁共通仕様：	新規天井共通仕様：		照明 + スイッチ + コンセント 給排水 洗面器 混合水栓金具 洗濯機水栓 + 排水口
	浴室	ユニットバス 21616 （TOTO）	ユニット仕様 仕切リバネ：シナランバー -OP	ユニットバス仕様		給排水 照明・換気扇（UB付属）
2階	階段・吹き抜け	段板：三層集成板t30 薄り止め塗装 踊リ場部： 2階床共通仕様 仕切リバネ：シナランバー-OP		新規天井共通仕様：	物干金物（天井埋込）：ほし姫	換気扇
	キッチン	2階床共通仕様： ※階段塞ぎ部は構造用合板24mm	新規壁共通仕様： キッチンパネル：アイカ			照明 + スイッチ + コンセント 換気扇 ガスコンロ + オーブン シンク 混合水栓 食器洗浄乾燥機 給湯器コントローラー インターフォン親機
	居間・食堂	2階床共通仕様： 床下地構造用合板24mm + コンパネボード 9mm 防音シート t 18mm 5188イプ 防音シート 1.8.5mm ダイケン （新規）フローリング t 15mm Ⓑ	新規壁共通仕様：	新規天井共通仕様：		照明 + スイッチ + コンセント オーディオ用アンプコンセント CD管 1フン電源 換気扇 配管配線 TV 電話 ガスコンセント 天井埋め込みスクリーン
	子供室	2階床共通仕様：Ⓑ	新規壁共通仕様：	新規天井共通仕様：		照明 + スイッチ + コンセント 1フン電源 換気扇 配管配線
	夫婦寝室 WIC 小屋裏収納	2階床共通仕様：Ⓑ	新規壁共通仕様：	新規天井共通仕様：	本棚 押入れ WIC収納棚 棚柱 + 可動棚板 ハンガーパイプ φ4"	照明 + スイッチ + コンセント オーディオ用アンプコンセント CD管 オーディオ配線用CD管 1フン電源 + コンセント 給排水
	トイレ② 洗面コーナー	床下地共通仕様： （新規）長尺シート：ロンリウム Ⓒ	新規壁共通仕様： 洗面腰壁：ポリ合板	新規天井共通仕様：	タオル掛け	便器（既存移設） 洗面器 + 混合水栓 照明 + スイッチ + コンセント 給排水 洗濯機水栓 + 排水口
	脱衣・洗濯室	床下地共通仕様： （新規）長尺シート：ロンリウム Ⓒ	新規壁共通仕様：	新規天井共通仕様：	タオル掛け	分電盤（2次） 給排水 照明・換気扇（UB付属）
	浴室	ユニットバス 21216（INAX） BPR1216	ユニット仕様	ユニット仕様		
外部	二階バルコニー	FRPの上に （新規）塗り直し	外壁に準ずる		物干金物：川口技研 ZP-104（LB付リア木ース）	

特記・共通事項
床 Ⓐ 無垢フローリング：t15mm カバザクラ ウォル3
　　 Ⓑ 無垢フローリング（2階）：t15mm ロッジポールパイン 無塗装
　　 Ⓒ 長尺シート：ロンリウム t 2mm ロンシール工業 03-5600-1821

壁 Ⓓ 珪藻土クロス：リリカラ LV-18494　塗装 共通 内部リフォーム部品共通：タイケ株式会社 エコナ オイルフィニッシュ
外部：硬質系塗料：キシラデ コール

A-002
内部仕上表
田中ナオミ ATELIER

※表は参考（今回の事例では仕上げ表が保存されていなかったため）

12 開口部サッシリスト（一部）

あらかじめわかっている（もしくは入手できる）場合は用意しておく。

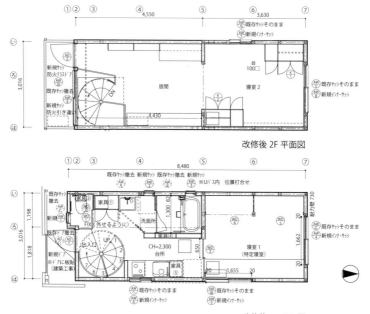

改修後 2F 平面図

改修後 1F 平面図

※図は新規作成（保存されていなかったため）

13 伏図/構造（チェック用）（一部）

あらかじめわかっている（もしくは入手できる）場合は用意しておく。

＊実際は100分の1で作成しています

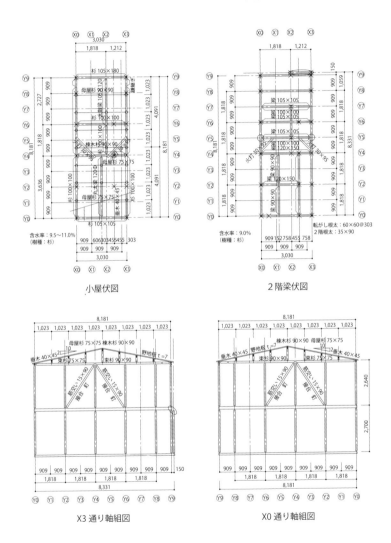

小屋伏図

2階梁伏図

X3 通り軸組図

X0 通り軸組図

※図は新規作成（保存されていなかったため）

14 全体　各階平面図（チェック用）

調査のメンバー全員に必要なものなので、もし何も図面が存在しない場合でも調査前に簡単な平面図は用意しておきたい。

＊実際は30分の1で作成しています

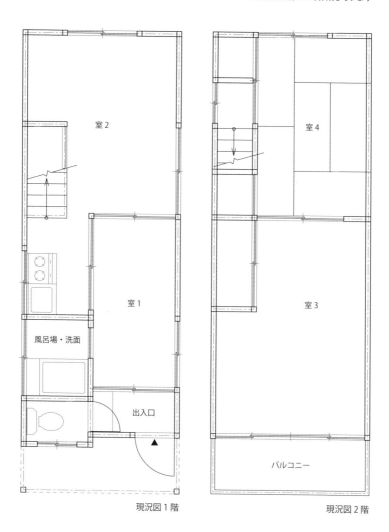

現況図1階　　　　　　　　　現況図2階

3 ヒアリング・詳細調査の結果をまとめて、報告書を作成する

　クライアントへのこれまでのヒアリングと建物の詳細調査で、結果を「報告書」という形にまとめて説明する。このひと手間があることで、クライアントに今回どこをリフォームすることを優先するべきなのか、理解して選択してもらうきっかけになる。クライアントには建物の床下や小屋裏、壁の中といった場所が実際どのようになっているのか、どのような問題があるのかが認識されていない方も多いため、それを利用した詐欺事件などもあり、いたずらに不安をあおることのないようにしたい。私たち設計者の目的は、画像と報告書を揃え、住み手にきちんと状況を把握してもらうことである。そして、問題の箇所に対して適切な解決策を提案することである。そのためには、根拠のある報告書を提出して、真摯に誠実に対処することが大切であり、結果的にそれは住み手の安心感にもつながる。

　住宅医協会のスクールでは、住み手へのヒアリングから詳細調査のレポートの仕方を、フォーマットを利用して学ぶことができる。ここでは一部の紹介にとどめるが、各項目で丁寧な調査をすると相当枚数の冊子になる。目標を定めてリフォームに臨むことになるので、それらのレポートを「住宅性能達成証明書」にまとめて現状を把握し、問題がどこにあるのか、改修前の状態と改修した場合の目標数値からひと目でわかる判定表を添付する。

01 劣化診断（劣化対策）

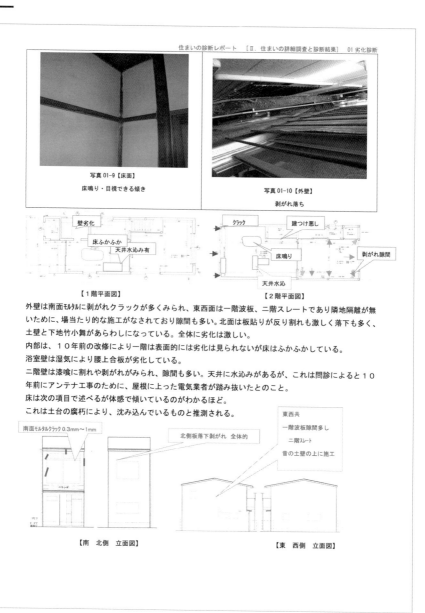

（報告書より抜粋）

住まいの診断レポート　[Ⅱ. 住まいの詳細調査と診断結果]　01 劣化診断

点検口の設置については、1階床下・小屋裏は適であったが、2階床下の確認が十分できなかったことから、1階の天井等から点検できる点検口を設置することが望ましい（点検できた部分の面積は、床下・小屋裏全ての面積の約8割）。床下空間の高さは十分確保されており、点検に支障はなかった。

項　目	内　容	診断結果
点検口の設置	床下・小屋裏空間毎に点検口を設置すること	1階床下、小屋裏は適 2階床下については不十分
床下空間の高さ	床下空間の有効高さが330mm以上確保されていること	適

4）住宅性能表示制度（劣化対策等級）の仕様との比較
　外壁の軸組等の防蟻・防腐については、等級2と同等の仕様であることが確認された。

5）診断結果まとめ
　調査、診断結果に基づいて、劣化対策の現状の性能レベルをまとめると、下表となった。

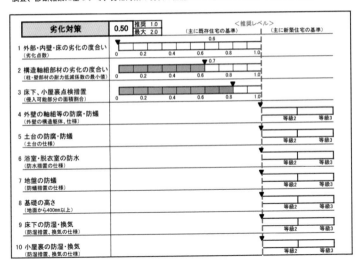

（報告書より抜粋）

[その他の内容]
調査により目視確認できる劣化の箇所を画像で報告する。たとえば、
・劣化が疑われる傾斜（6/1,000mm以上）の図面での方向、箇所の提示
・床下の様子、木材の含水率、蟻害など
・壁内部、小屋裏の様子、腐朽箇所など

02 耐震診断（耐震性）

住まいの診断レポート　[Ⅱ. 住まいの詳細調査と診断結果]　02 耐震診断

（壁配置・壁量）
　壁の配置は筋交い等が確認できず、全体的に壁の耐力（強さ）や量が不足していることから、大地震時には倒壊する恐れがある。

　2）壁量計算（現行の建築基準法の計算方法を参考に）
　既存住宅であるため、基礎及び柱の脚部接合部などについては現行の建築基準法の仕様を満たしていないが、参考として現行の建築基準法の構造診断で用いられている壁量計算を行った。（基礎及び壁端柱の柱頭・柱脚接合部については、一般診断法に用いられる低減係数を用いて計算を行っている）

【壁配置図（壁量計算）】

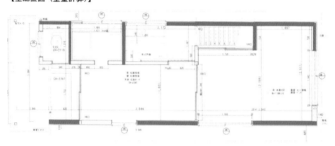

【壁端柱の柱頭・柱脚接合部の種類による耐力低減係数】
（木造住宅の耐震診断と補強方法／（財）日本建築防災協会

①最上階（平屋建ての1階を含む）

壁強さ倍率C	2.5kN/m 未満			2.5 以上 4.0 未満			4.0 以上 6.0 未満			6.0 以上		
	基礎Ⅰ	基礎Ⅱ	基礎Ⅲ	基礎Ⅰ	基礎Ⅱ	基礎Ⅲ	基礎Ⅰ	基礎Ⅱ	基礎Ⅲ	基礎Ⅰ	基礎Ⅱ	基礎Ⅲ
接合部Ⅰ	1.0	0.85	0.7	1.0	0.7	0.35	1.0	0.6	0.25	1.0	0.6	0.2
接合部Ⅱ	1.0	0.85	0.7	0.8	0.6	0.35	0.65	0.45	0.25	0.5	0.35	0.2
接合部Ⅲ	0.7	0.7	0.7	0.6	0.5	0.35	0.45	0.35	0.25	0.35	0.3	0.2
接合部Ⅳ	0.7	0.7	0.7	0.35	0.35	0.35	0.25	0.25	0.25	0.2	0.2	0.2

（報告書より抜粋）

②2階建ての1階、3階建ての1階及び3階建ての2階

壁強さ倍率C	2.5kN/m 未満			2.5以上4.0未満			4.0以上6.0未満			6.0以上		
	基礎Ⅰ	基礎Ⅱ	基礎Ⅲ	基礎Ⅰ	基礎Ⅱ	基礎Ⅲ	基礎Ⅰ	基礎Ⅱ	基礎Ⅲ	基礎Ⅰ	基礎Ⅱ	基礎Ⅲ
接合部Ⅰ	1.0	1.0	1.0	1.0	0.9	0.8	1.0	0.85	0.7	1.0	0.8	0.6
接合部Ⅱ	1.0	1.0	1.0	1.0	0.9	0.8	0.9	0.8	0.7	0.8	0.7	0.6
接合部Ⅲ	1.0	1.0	1.0	1.0	0.8	0.8	0.7	0.7	0.7	0.6	0.6	0.6
接合部Ⅳ	1.0	1.0	1.0	0.8	0.8	0.8	0.7	0.7	0.7	0.6	0.6	0.6

【壁量計算結果（耐力低減後）】

階	方向	エリア	床面積（m²）	必要壁量（m）		存在壁量（m）	充足率（%）	判定2
1階	X	南1/4	5.88	1.7	>	1.2	70	NG
		中央				0		
		北1/4	6.42	1.86	<	2.02	108	OK
		（合計）	25.14	7.3	>	4.46	61	NG
	Y	東1/4	6.2	1.8	<	4.76	264	OK
		中央				0		
		西1/4	6.42	1.86	<	8.1	435	OK
		（合計）	25.14	7.3	<	14.16	193	OK
2階	X	南1/4	6.2	0.93	>	0		NG
		中央				0		
		北1/4	6.2	0.93	<	1.07	1.15	OK
		（合計）	24.78	3.72	>	1.07	28	NG
	Y	東1/4	6.2	1.52	<	2.64	1.73	OK
		中央				0		
		西1/4	6.2	1.52	<	3.11	205	OK
		（合計）	24.78	3.72	>	6.47	173	OK

上部の充足率のうち最小の値

階・方向	充足率（%）
2階　X方向	0

二階の南側は何も入っておらず、非常に危険。一階の南側も雑壁のみ。
基礎と土台が非常に腐朽しているので、壁量があっても力になっているとは言えない。

4）耐震診断結果まとめ

調査、診断結果に基づいて、耐震性能の現状のレベルをまとめると、下表となった。
一般診断により、倒壊の危険性が高いという評点になった。

耐震性能	0.27	推奨 1.0　最大 2.0		
1　倒壊防止（上部構造評点の最小値）		0.17		
2　倒壊防止＋損傷防止（壁量充足率の最小値※）		0		

（※建築基準法の壁量計算に、耐震診断の各種劣化低減係数をかけた。あくまでも目安としての値）

（報告書より抜粋）

[その他の内容]
調査により目視確認できる金物の画像や材料の大きさを報告する。

03 配管・設備診断（維持管理、更新の容易性）

3) 1階床下配管・設備

　床下へは、キッチンの床下収納庫のほか、南側と北側に開口を設けて侵入することができ、全ての床組み部分の点検が可能であった。

　基礎の種別は布基礎とも呼べないような、場所によって場当たりなものであり、床下地面は土敷きであった。台所、トイレ、浴室の配管は、調査することができなかった。おそらく土の中に埋設されており、外壁貫通しているか、又は、独立基礎底盤下を通って外部に配管していると思われる。ガス管のみ床下を横断していることが確認できた。床下配管で、配水管清掃のための掃除口は、見受けられなかった。

床下換気口　　　　　　　　　　　　　床下換気口（外部より）

ガス管のみ東西横断が確認できた。健全そう。　　ガス配管は東西横断の後、南側にメーター有。

ガス管は外壁トタン貫通　　　　　　　トタン貫通の後、南側に出されている

（報告書より抜粋）

住まいの診断レポート　[Ⅱ. 住まいの詳細調査と診断結果]　03 配管・設備診断

Ⅱ-03-3　配管・設備診断結果

（1）配管方法・地中埋設管について
　主な設備配管である給排水ルート及び配管方法が不明であるため、設備配管やりかえ時は再調査が必要である。

（2）排水管について
　排水管を目視により確認できなかったため、内部状態は未調査である。

（3）排水管掃除のための措置・配管点検口について
　配管掃除のための措置も配管点検口も確認できなかった。改修計画の際には、トラップの機能、清掃措置が可能であるか確認が必要である。

（4）診断結果まとめ
　調査、診断結果に基づいて、配管・設備（更新の容易性）の現状の性能レベルをまとめると、下表のようになり、判定できない。
改修時には点検・清掃措置できるように是正することが必須である。

配管・設備（更新の容易性）	推奨 1.0　最大 2.0	＜推奨レベル＞（主に既存住宅の基準）	（主に新築住宅の基準）
1 配管方法（コンクリートに埋め込まない）		※排水管清掃措置及び配管点検措置も実施すれば等級2→3	等級2　等級3（※）
2 地中埋設管（上部にコンクリートを打設しない）		※排水管清掃措置及び配管点検措置も実施すれば等級2→3	等級2　等級3（※）
3 排水管（たわみ、抜け、その他変形がない）		※排水管清掃措置及び配管点検措置も実施すれば等級2→3	等級2　等級3（※）
4 排水管清掃措置（排水管の清掃措置）			等級3
5 配管点検措置（配管点検措置）			等級3

（報告書より抜粋）

[その他の内容]
点検口の有無や外まわりからの引込みなどを調査し報告する。

04 室内環境診断(省エネルギー性)

住まいの診断レポート　[Ⅱ. 住まいの詳細調査と診断結果]　04 室内環境診断

(2) 通風調査

夏期や中間期などは外気を積極的に取り入れることで冷房の使用を低減させながら快適性を向上することができる。通風を効果的に行うためには風の入口と出口の2方向の開口部が必要である。この点に注目し通風を十分行えているかどうか診断を行う。
この地域は夏季に南西の風が多く吹くので(温熱環境診断参照)、その風を取り入れることを想定する。

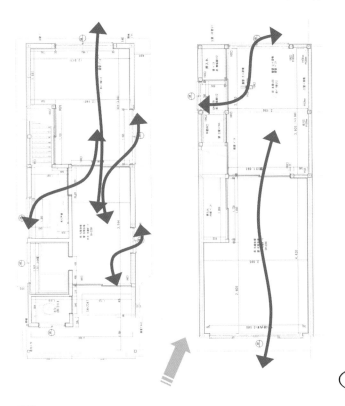

■結果
現状荷物などでふさがっている各窓が有効に活用されれば、どの部屋も2方向に窓をとることが出来、有効な通風を確保しやすい。収納等の計画をあわせて考える必要がある。
トイレや浴室の扉を引き戸にするなどすれば、通風を確保しやすい。
玄関のサッシも施錠できる網戸を採用するなど工夫をすれば、南北の通風を確保しやすい。

(報告書より抜粋)

[その他の内容]
現況のガラス、開口部、断熱のレベル、外壁などを調査し、画像とともに報告する。結露、採光の様子も調査し、図面に明示して報告する

住まいの診断レポート　［Ⅱ. 住まいの詳細調査と診断結果］　04 室内環境診断

　一般家庭と比較すると、エネルギーは1.05倍、CO2排出量は1.04倍、光熱費は0.83倍という結果となった。

　各項目で確認すると、電気は0.87倍、ガスは0.99倍、水道は0.35倍、灯油は2.2倍となる。
　エネルギーが1.2％増加しているのに対し、光熱費は43,220円の削減ということを考えると、暖房に単価の安い灯油を使用していることが要因と考えられる。

　月別の増減を確認すると、寒い1月～3月のエネルギー消費量が多い。あきらかに寒さ対策である。
　思ったよりも電気使用量が少ないが、これは多用するとブレーカーが落ちることから節電されていると思われる。
　しかしながら、この規模でこの電気使用量と料金は高い数値である。
　灯油に寒さ対策をすべて委ねているようなものであるが、あの隙間を埋めるような温かさは保てていない。

住まいの診断レポート　［Ⅱ. 住まいの詳細調査と診断結果］　04 室内環境診断
Ⅱ-04-4　省エネルギー診断結果
　調査、診断結果に基づいて、省エネルギーの現状の性能レベルをまとめると、下表となった。住宅性能表示基準に基づいて下記に示す。

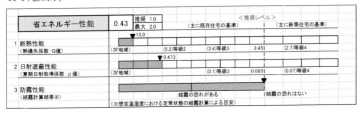

　断熱性能は、各部位に断熱材が確認できなかったため、熱損失係数（Q値）が15.0となり、かなり低いレベルの数値であるが、築年代に応じた性能と判断される。
　日射遮蔽性能は、躯体からの侵入もあり、夏期日射取得係数（μ値）が0.473となり、やはり低いレベルの数値であるが、築年代に応じた性能と判断される。
　防露性能は、現状では結露の危険性は少ないと判断できるが、断熱や構造改修の際、防露に関しても留意する必要がある。

（自然エネルギー利用に関する所見）
・通風は主要な居室には2方向に開口部があり、風向きによって通風性を期待できる。
・昼光利用に関しては、隣棟の影響もあり、南面以外からの日照が得にくいため、厳しい立地条件である。
・日射熱は、断熱性能が低いため、夜間まで熱を持ち越すのは難しい状況にあると言える。

（報告書より抜粋）

05 バリアフリー診断(バリアフリー性)

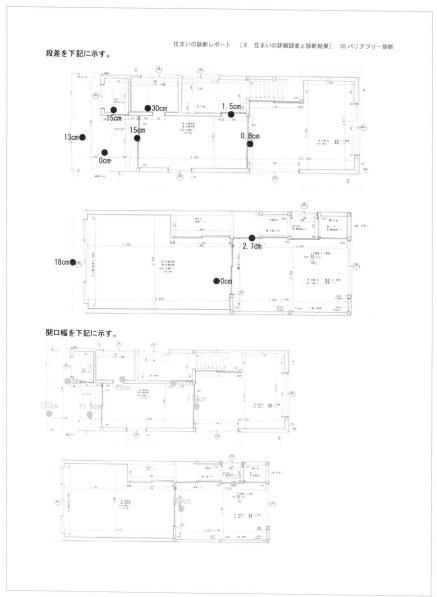

(報告書より抜粋)

住まいの診断レポート　[Ⅱ．住まいの詳細調査と診断結果]　05 バリアフリー診断

Ⅱ-05-3　バリアフリー診断結果

調査、診断結果に基づいて、バリアフリーの現状の性能レベルをまとめると、下表となった。

バリアフリー性能	0.52 推奨 1.0 最大 2.0	<推奨レベル>（主に既存住宅の基準）	（主に新築住宅の基準）
1 部屋の配置（便所・浴室・その他の配置）		等級3	等級4　等級5
2 玄関土間の段差（靴ずりの段差寸法）		等級3	等級5
3 玄関の段差（上がり框の段差寸法）		等級3	等級5
4 畳コーナーの段差（畳コーナーの面積・寸法）	[該当なし]		等級5
5 浴室の段差（出入口、またぎの段差寸法）		等級3	等級4　等級5
6 バルコニーの段差（出入口の段差寸法）			等級4　等級5
7 上記以外の日常空間内の段差（段差寸法5mm以下）			等級5
8 日常空間外の段差（日常空間外の段差寸法）			等級5
9 階段の勾配（けあげ、踏面の寸法）		等級3	等級5
10 蹴込みの仕様（蹴込み寸法、仕様）		等級3	等級4　等級5
11 階段曲り部分（有無、形状）		等級3	等級5
12 階段の手すり（設置個所）			等級4　等級5
13 手すりの設置（設置個所）		等級3	等級5
14 転落防止手すり（設置の有無）			等級5
15 通路の幅員（幅員）			等級5
16 基本出入口の幅員（幅員）			等級4　等級5
17 玄関出入口の幅員（幅員）			等級5
18 浴室出入口の幅員（幅員）			等級4　等級5
19 浴室の大きさ（寸法、面積）		等級3	等級5
20 便所の形状（腰掛け式）			等級5
21 便所の大きさ（寸法、便器の位置）		等級3	等級4　等級5
22 特定寝室の大きさ（特定寝室の面積）		等級3	等級5

（報告書より抜粋）

[その他の内容]
手すり、階段高さや幅、奥行きなどを調査し、画像とともに報告する

06 防耐火診断(防耐火性)

住まいの診断レポート　[Ⅱ. 住まいの詳細調査と診断結果]　06 防耐火診断

3) 消火器の設置の有無 (火源のある個所)
現地調査より、火源のある台所の近くに消火器の設置はない。喫煙を屋内でする場合や、ストーブを使う場合は、その近くにも消火器の設置が必要になるが今件には関係はない。

4) 火源から出火した際の避難路
現地調査より、二方向避難は確保できない。一階は南側に一方向のみ。二階は一階の南側方向と二階バルコニー方向の二方向の屋外に出ることができる。

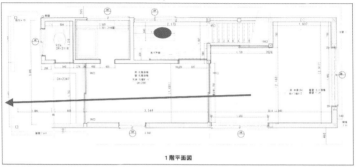

1階平面図

（●出火源）

5) 延焼の恐れのある部分の防火性能
現地調査より、現状の仕様と建築基準法が要求する防火性能について確認した。
一階は隣地境界からラインで、全域が延焼の恐れのある部分になる。
ということは、二階でも同じことである。

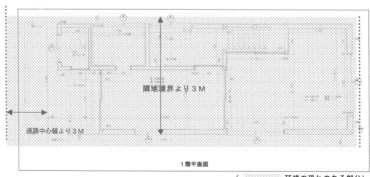

1階平面図

（▨▨▨ 延焼の恐れのある部分）

延焼の恐れのある部分とは、隣家火災で延焼しやすい部分

（報告書より抜粋）

住まいの診断レポート　[Ⅱ.住まいの詳細調査と診断結果]　06 防耐火診断

このように、判定できるレベルにはないということになる。

（報告書より抜粋）

[その他の内容]
火の元の周辺は不燃材の仕上げかどうか、火災報知器の有無などを調査し、画像とともに報告する

住宅性能達成証明書　改修前　BEFORE

工事名称	T邸改修工事
所在地	○○区○○ X-X-X
構造・規模	木造・2階建て
延床面積	49.72㎡　15.04坪
証明者(住宅医)	田中ナオミ
資格	1級建築士　第44733号
証明書作成年月日	2012年5月15日
延床面積	49.72㎡

建物写真(外観)

建物写真(内観)

性能項目	評価項目	目標レベル	合否	添付書類(No.名称)
1. 劣化対策 	【必須項目】			
	1. 全体の劣化低減係数:D	1.0	×	耐震診断報告書
	2. 壁の劣化低減係数:Cdw	1.0	×	耐震診断報告書
	3. 独立柱の劣化低減係数:Cdc	1.0		
	3. 浴室・脱衣室の防水	等級3	×	平面図
	4. 床下の防湿・換気	等級3	×	平面図
	5. 小屋裏換気	等級3	○	平面図
	6. 床下、小屋裏空間毎に点検口	設置	×	平面図
	7. 床下内法高さ	330mm以上	○	展開図
	【努力項目】			
	1. 外壁の軸組等の防腐・防蟻	等級3	×	
	2. 土台の防腐・防蟻	等級3	×	
	3. 地壁の防蟻	等級3	×	
	4. 基礎の高さ	等級3	×	
2. 耐震性	【一般住宅の場合】			
	1. 上部構造評点(一般診断法)	1.0以上	×	耐震診断報告書
	2. 建築基準法と同等の性能	確保	×	耐震診断報告書
	【伝統的構法・基礎補強なしの場合】			
	1. 上部構造評点(一般診断法)	1.0以上	0.37	
3. 維持管理・更新の容易性	1. 配管方法の基準	等級3	×	平面図
	2. 地中埋設管の基準	等級3	×	平面図
	3. 配水管の基準	等級3	×	平面図
	4. 配水管清掃のための措置基準	等級3	×	平面図
	5. 配管点検口	等級3	×	平面図
4. 省エネルギー性	1. 熱損失係数(Q値)	3.45		Q値μ値計算書
	基準値: I 1.70、II 2.30、III 2.85、IV 3.45、V 3.65、VI 5.90			
	2. 夏期日射取得係数(μ値)	0.085		Q値μ値計算書
	基準値: I、IIなし、III、IV、V 0.085、VI 0.070			
5. バリアフリー性	1. 部屋の配置		○	平面図
	2. 段差の解消	等級3	×	平面図
	3. 階段の安全性	等級3	×	平面図
	4. 手すりの設置	等級3	×	平面図
	5. 通路・出入口の幅員	等級3	×	平面図
	6. 特定寝室の大きさ	等級3	○	平面図
	7. 浴室・便所の大きさ	等級3	×	平面図
6. 防耐火性	【必須項目】			
	1. 感知警報装置設置	等級2	×	平面図
	2. 消火器(無い場合)	設置	×	2平面図
	【努力項目】			
	1. 建築基準法と同等の性能	確保	×	

特記事項

1. 劣化対策　50年という歳月が、そのまま劣化に繋がっている箇所が多く、表層のリフォームを重ねてきたことで、住み手は綺麗になったということで満足してきた。しかしながら、床下や小屋裏、外壁、壁の中を見なが何も解決しないまま場当たりな施工がされており蟻害が無いのと雨漏りがないのでやまで成り立ってきたものと思われる。2. 耐震にいたっては体感できる傾きがあることで住み手から不安が持ち出された。3. 配管なども人ルートが見当たらず、時代とともに単に増設されている。メンテナンスの向上ならない。4. 省エネルギー性にいたっては、夏は暑く冬は寒い。ずっとこの家に慣れている家族はそれを当たり前に暮らしている。5. バリアフリー　小さな敷地いっぱいに建っているので、どうしても要素がたくさんになり詰め込む必要があるために一階と二階に分かれることになったり、階段など小さな場所で解決せねばならないために急勾配になっている。6. 防耐火は何も無く住宅密集地なので非常に危ない。

(得点)

1.劣化対策	0.50	(○の数/7)
2.耐震性	0.27	(一般:○の数/2、伝統:○の数)
3.維持管理・更新の容易性	0.00	(○の数/5)
4.省エネルギー性	0.43	(○の数/2)
5.バリアフリー性	0.58	(○の数/7)
6.防耐火性	0.00	(○の数/2)

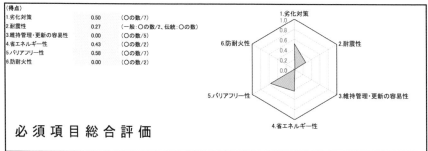

必須項目総合評価

住宅性能達成証明書　改修後　AFTER

工事名称	T邸改修工事
所在地	○○区○○ X-X-X
構造・規模	木造・2階建て
延床面積	49.72㎡　15.04坪
証明者(住宅医)	田中ナオミ
資格	1級建築士　第227245号
証明書作成年月日	2012年5月15日
延床面積	49.72㎡

建物写真(外観)

建物写真(内観)

特記事項

1. 梁と柱にして改めてチェックした上で、基礎をつくり土台を敷きこむという丁寧な仕事をしたので構造の劣化はすべて解決した。さらに防水なりの処理をして表層を仕上げていき内部から元気にしている。2. 細い梁や劣化した材料を交換して補強しつつ耐震性能を確保した。すべてを確実にチェックしてバランスよく設計強化したので、一応倒壊しないというレベルではあるが十分に強度がある。幸いにも隙間風が入るような気密性だったために、蟻の害が無く水に濡れても乾いていたものと思われるので腐朽が少なかった。現状の法規、構造計算からは強度が不十分な材料のサイズだったので、場所に応じて適宜に補強している。3. 配管を新たに敷設してルートもきちんと整理した。メンテナンスも点検口を設けて簡単に床下に入ることができる。ユニットバスを入れたので防水も安心である。4. 省エネルギーは住み手が一番感じられる喜びに繋がっている。5. 段差をなくして階段も緩やかになり、随所に手すりも入った。6. できる限り今工事では不燃材料を使用している

性能項目	評価項目	目標レベル	合否	添付書類(No.名称)
1. 劣化対策	【必須項目】			
	1. 全体の劣化低減係数:D	1.0	○	耐震診断報告書
	2. 壁の劣化低減係数:Cdw	1.0	○	耐震診断報告書
	3. 独立柱の劣化低減係数:Cdc	1.0	○	
	3. 浴室・脱衣室の防水	等級3	○	平面図
	4. 床下の防湿・換気	等級3	○	平面・展開図
	5. 小屋裏換気	等級3	○	平面・展開図
	6. 床下、小屋裏空間毎に点検口	設置	○	平面図
	7. 床下内法高さ	330mm以上	○	展開図
	【努力項目】			
	1. 外壁の軸組等の防腐・防蟻	等級3	×	
	2. 土台の防腐・防蟻	等級3	×	
	3. 地盤の防蟻	等級3	×	
	4. 基礎の高さ	等級3	×	
2. 耐震性	【一般住宅の場合】			
	1. 上部構造評点(一般診断法)	1.0以上	○	耐震診断報告書
	2. 建築基準法と同等の性能	確保	○	耐震診断報告書
	【伝統的構造・基礎補強なしの場合】			
	1. 上部構造評点(一般診断法)	1.0以上	該当なし	
3. 維持管理・更新の容易性	1. 配管方法の基準	等級3	○	平面・展開図
	2. 地中埋設管の基準	等級3	○	平面・展開図
	3. 排水管の基準	等級3	○	平面・展開図
	4. 配水管清掃のための措置基準	等級3	○	平面・展開図
	5. 配管点検口	等級3	○	平面・展開図
4. 省エネルギー性	1. 熱損失係数(Q値)	3.45	○	Q値μ値計算書
	基準値：I 1.70、II 2.30、III 2.85、IV 3.45、V 3.65、VI 5.90			
	2. 夏期日射取得係数(μ値)	0.085	○	Q値μ値計算書
	基準値：I、IIなし、III、IV、V 0.085、VI 0.070			
5. バリアフリー性	1. 部屋の配置	等級3	○	平面図
	2. 段差の解消	等級3	○	平面図
	3. 階段の安全性	等級3	○	平面図
	4. 手すりの設置	等級3	○	平面図
	5. 通路・出入口の幅員	等級3	○	平面図
	6. 特定寝室の大きさ	等級3	○	平面図
	7. 浴室・便所の大きさ	等級3	○	平面図
6. 防耐火性	【必須項目】			
	1. 感知警報装置設置	等級2	○	設備図
	2. 消火器(無い場合)	設置	○	設備図
	【努力項目】			
	1. 建築基準法と同等の性能	確保	×	平面図

(得点)
1. 劣化対策　1.00　(○の数/7)
2. 耐震性　1.00　(一般:○の数/2、伝統:○の数)
3. 維持管理・更新の容易性　1.00　(○の数/5)
4. 省エネルギー性　1.00　(○の数/2)
5. バリアフリー性　1.00　(○の数/7)
6. 防耐火性　1.00　(○の数/2)

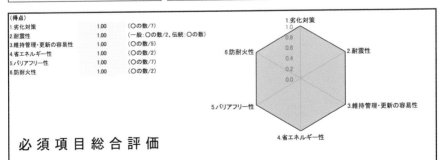

必須項目総合評価

4 問題点と改善点を整理し、プランニングと見積りをクライアントに提案する

　リフォーム設計は、詳細調査の前に住み手から要望をもらった時点でおおよその方向性を組み立てるほうがいいと私は考えている。「何をしたいのか」という目的を持つことで、調査の効率は上がる。調査をすることを「何ができるか」という枠と捉えずに、どうやったら解決してより良くできるか、という糸口にしたいものである。
　では、これまでの調査をふまえ、T邸のリフォーム事例について具体的に説明を進めよう。

築年数50年。暮らしに向かない間取り、老朽化が進んだ住宅

　東京23区の利便性の良い住宅密集地に建つ、1階が25.04㎡、2階が24.68㎡という延べ床約15坪の非常に小さな築50年の住宅である。そこに家族3人が暮らしている。
　私が初めてうかがったときのお住まいの印象は薄暗く、細長い敷地に建つ住宅のため、すべての部屋が廊下になっていて居場所がなく、モノが整理されずあふれていた。
　階段は急で、トイレや風呂場、台所といった水まわりは小さく押し込められていて、脱衣室も確保されていなかった。また、冬は寒く、夏は暑いだろうということはすぐにわかった。いわゆる個室という、それぞれの家族のプライベートな場所がないために、普段の住み手の生活を想像する

のが難しく、それでも家族の営みは毎日つつがなく、平和に行われている様子であった。設計者目線で見ると、リフォームをすれば必ず良くなるというポイントだらけで、絶対に誰がやっても改善されて喜ばれるという、やりがいのある住宅だったのである。

　築50年という住宅なので確認申請等の図面もなく、まずは要望を聞いて簡単に実測をしながら、この住宅に何をしたらよいのかを考えた。日本の住宅は、尺モデュールの909mmで追えることが多く、打合せをしながらでも見渡して描くことが可能である。

これまでの調査をまとめ、イメージを描く

　諸々のヒアリング、調査をもとに行った現状の診断表を経て、リフォームのために今後行う大きな目標を、リフォーム必須項目の表にまとめる。これをもとにざっくりとした平面図を描いてイメージを固め、工務店に見積りを依頼することになる。

　この住宅ではまず何をすべきであるのか、どうしたら良くなるのか、を考えながら、表とスケッチを参照してほしい。住宅医としてやるべき必須項目と、そこにとどまることなく住宅をつくる立場として提案すべき項目が見えてくるはずである。

> プランニング
> リフォーム前
> 1階

外観／リフォーム前の外観。同じような築年数の住宅が細い路地に並んで建っている

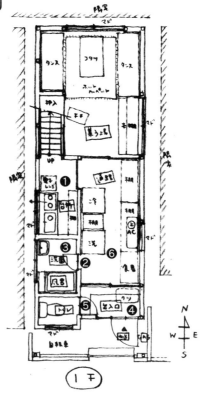

❶台所／暗くて狭い。作業の場所もなく奥に荷物が詰められて立つ場所もない

❷風呂入口／脱衣室もない風呂場には大きな段差がある

❻通路／1階の南側の部屋は通路になっている。左右に家具や物が積み上がっていて、避難時も危険である

❸風呂／風呂と洗面、2つの機能を狭いスペースで賄っている。誰かが入浴中は洗面所が使えない。入浴後は洗面所の床が濡れていて使いにくい

❹出入口／30cmの段差があり、狭い式台がL型についている。トイレには出入口の式台から入る格好となり、段差で足元が悪い

❺トイレ／人ひとりが立てる最小限の幅しかない。中から扉を開けるとすぐに段差があるので危険。扉を閉めないと出入口から便器が丸見えとなる

築50年、15坪の家。1階平面図
まずはスケッチで現在の様子を描いた。家電やタンスなどを入れながら描くことで、住み手がサイズ感を持つことができる。この時、風通しや暗さや居心地の悪さ(部屋であり通路となってしまっている空間の状況)についての問題点も書いておき、住み手と感覚を共有していった

プランニング
リフォーム前 2階

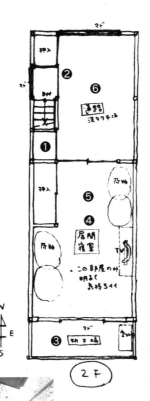

❻2階北側／洗濯物が一日中干される場所になっている。光も入りにくく湿気が溜まる。この部屋も、室でありながら通路になっている

❶階段／奥にあるため昼間でも暗く、狭い幅で傾斜をとっているので、急勾配である

❺2階居間と寝室／すべての部屋が通路になっていて落ち着く場所もなく、収納がないので片付かない

❷階段の下り口／細く狭い下り口。北側の部屋からも敷居がついていて、30mm程度の段もあり、危ない

❹2階南側／唯一光が入る部屋。バルコニーでの物干作業があると、居場所がなくなる

❸バルコニー／洗濯物と室外機でスペースは一杯一杯。唯一の光を採り込む場所がふさがれている

2階のスケッチ
体感できる傾きがあるため、住み手が率先して重いものを置いていない様子がわかる。道路に面した南側の部屋がこの住宅の一番居心地の良い場所で、唯一電気を点けないで過ごせる。とはいえ間口が狭く隣家が迫っているので、貴重な南側に空調室外機を置くしかない状況

プランニング(提案)
リフォーム後
1階

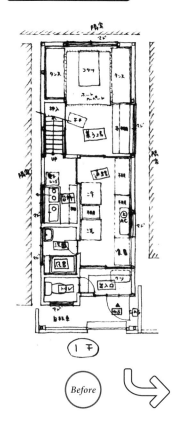

Before

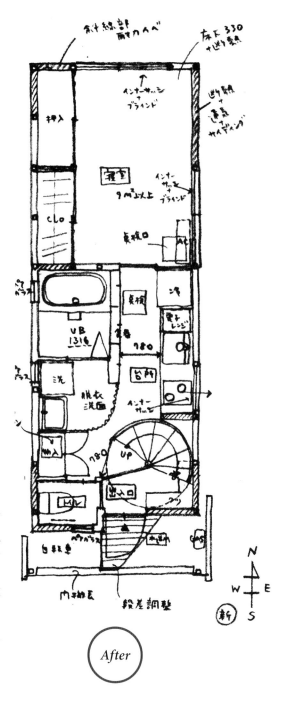

After

この住宅の問題は、すべての部屋が通路で居場所がなかった。そこで背後に人が通らないような居場所を確保する提案をした。さらに2階の南側からの光を1階にも入るように、階段を南側に移した。

廊下の幅を広くして台所の作業スペースと通路を兼ねることや、らせん階段にすること、洗面台の前にカーテンで脱衣コーナーを設けることで空間を有効に使うことにした。

トイレ周辺は、ノックダウンできる家具、外せる建具でバリアフリー対応している。一方、内寸2㎡以上のユニットバスなど、この規模の住宅にしては大きいが、バリアフリー必須項目遵守である

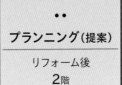

プランニング(提案)

リフォーム後
2階

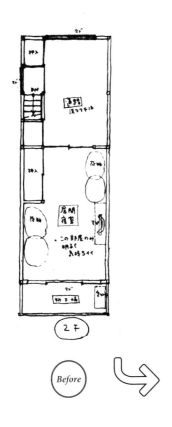

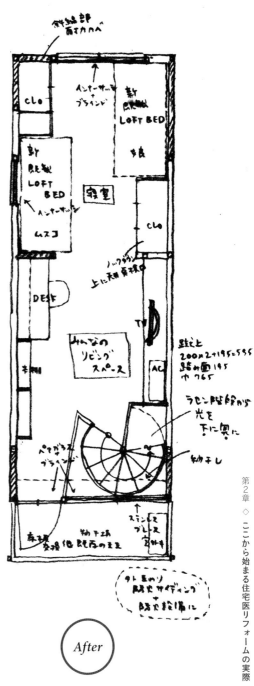

階段を南側に移したことで、1・2階とも守られた場所(＝通路としてではない部屋)を確保している。さらに階段上にも室内物干しを設けた。南北に真っ直ぐ風が通る。

本棚、デスク、クローゼットなどの収納をこの家族の用途に合わせて適宜設置し、暮らしに添うようにした。

南側の中央部でTVを見たりパソコンを操作する人がいても、奥の北側ではプライバシーを保てるよう配置した

リフォーム必須項目

各対策	現状	リフォーム内容
劣化対策	壁・床等劣化が激しい	柱・梁のスケルトンにして、補強、補修する
耐震性	倒壊する可能性が高い	上部構造評点1.0以上、建築基準法同等の耐震性能を確保する
維持管理・更新の容易性	配管ルート等が不明でメンテナンス不可能	床下点検口を設ける
省エネルギー性	夏は暑く、冬は寒い	省エネルギー等級4と3の中間値以下にする
バリアフリー	風呂場、出入り口、階段など段差が激しい。手すりも無い 風呂やトイレの大きさも小さく、通路や出入り口の幅も介助が出来る幅が確保できていない	建物全体で高齢者配慮対策等級3を満たす
防耐火性	住宅用火災警報機、消化器なし	感知警報装置設置等級2を満たす

上記以外にこの住宅が必要なこと

現状	リフォーム内容
奥の部屋が暗い	光が入るのは南側の一方向のみ 大きく開口させて、らせん階段を設け、2階から1階に光をおとす
風が通らず空気が抜けない	荷物が多く整理されず、窓の前に家具が設置されているため、窓を有効に活かす
すべての部屋が通路で居場所がない	階段が奥にあるため、2階に上るためにすべての部屋が廊下になっている。階段を前に移動させて、部屋の背中をつくる
設備が古く、劣化が激しい	設備はすべて新規に交換する
収納が少なく、モノがあふれている	適材適所の収納を設ける 仮住まいへの引っ越しを機に、モノを整理する
家事動線が悪い	家事動線を整理して、廊下を有効に使う
脱衣室がなく、洗濯物を干す場所もない	カーテンで脱衣スペースを確保 室内洗濯干し場も考慮 浴室換気乾燥機設置
部屋の用途が不明で場当たり的に暮らしが広がっている	部屋の用途を整理して、家族3人のプライベートな場を確保する 適材適所の設備(インターネット+TVなどの環境)を配して、場所性をつくる

見積りの依頼にあたって

　詳細調査をすることで、あらかじめ問題になりそうなことは予測できるものの、解体すると予期せぬ問題が生じる可能性も高いので、住み手にはそのリスクを十分に説明すること。また、工務店には、新たな問題が生じた際、打合せの上で再見積りをとる旨をきちんと説明し、何かが起こったときのための「保険」のような意味合いの、費用を含まない実質的な金額を出してもらう。

見積書

　設計者（住宅医協会では住宅医）が、施工者と住み手の間に入り、調査から始まるような設計監理をする規模のリフォームでは、ある一定の金額以上にならないと設計料を頂くボリュームになりにくいと考えている。言い方を換えると、調査をした結果、柱・梁といったスケルトンまで解体し補強して、性能を一定レベルまで確保するとなれば、今までの経験値では費用は1,000万円程度以上必要になる。見積りは、新築工事と同じ算出の仕方をし、事例の住宅は木造なので、木拾いリストなどを含めると40ページほどの内容になった。そのうちの大項目を抜き出した見積りは、次ページのとおりである。

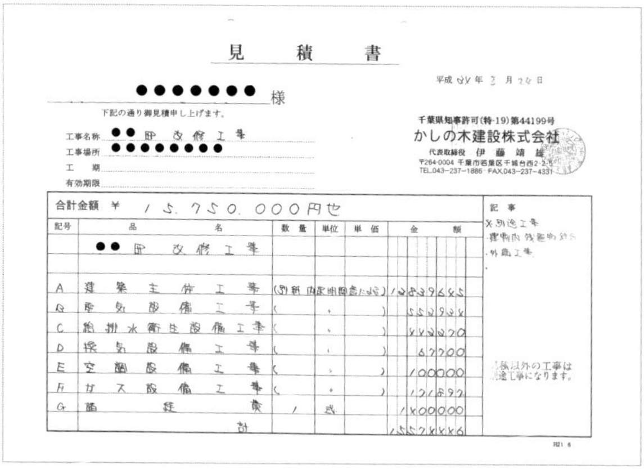

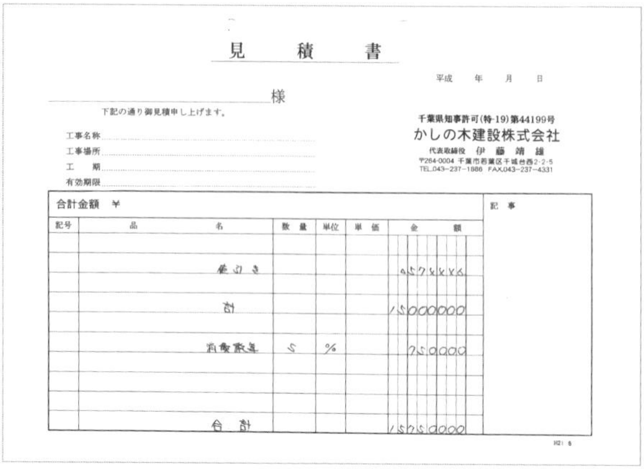

工事項目とその合計の表紙

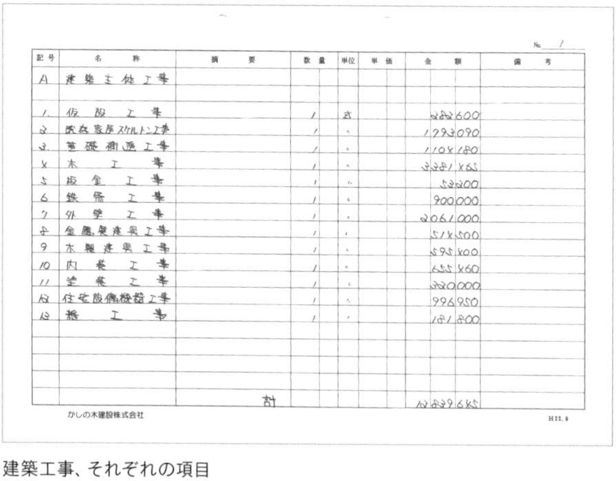

建築工事、それぞれの項目

電気設備工事

換気設備工事

ガス設備工事

全体工程を組む

　全体の工程を組む際に、まずは、どのくらいの目安で工事を進めるのかを考える。それによって仮住まいの予定も変わる。(注:今回のT邸のような大規模なリフォームでは、在宅しながらの施工は勧めることができない。ホコリ、音など住み手には大きなストレスになる上に、養生の手間も増えて工期も長くなる。仮住まいしてもらうことを提案して、短期間で施工を終わらせる努力と工夫をする)。同時に、住み手には解体したあとで再度調査が必要であること、その上で確実な詳細の工程を改めることは、説明をして承知してもらうことが必要である。

●●区●● T邸改修工事　全体工程表
期間:着手　平成24年08月01日
　　　　　　平成25年12月28日

作業内容 \ 月・日	8月	9月	10月	11月	12月
準備期間	準備期間・引越				検査期間・引渡し
既存家屋解体工事		既存家屋スケルトン解体			
基礎補強工事		基礎補強工事			
木工事			木工事		
板金工事				樋設置	
鉄骨工事		螺旋階段設置			
外壁工事			外壁工事		
金属製建具工事		サッシ搬入			
木製建具工事				採寸　建具吊込	
内装工事			断熱材設置		クロス・CP貼り
塗装工事					内部塗装
住宅設備機器工事			ユニットバス設置	キッチン設置	住設搬入
雑工事					仕上げ
電気設備工事			内部配線	内部配線	仕上げ
給排水衛生設備工事		土間配管	内部配管	内部配管	仕上げ
換気設備工事			内部配管	内部配管	仕上げ
ガス設備工事		土間配管	内部配管	内部配管	仕上げ

5　リフォームの実際

① 解体工事
隣接した近隣に不安を与えない配慮が必要

　現場は住宅密集地にあった（0）。

　解体工事をするにあたり、近隣への配慮として音や粉塵のほかに、柱・梁というスケルトンにすることで不安を与えないように、建物をどう覆うかということは案外大切な事柄になる。さらに安全対策として工事途中の出入口は、工事関係者以外自由に出入りできないように考慮する必要がある。ここでは外部のバルコニーをそのまま残すことで、外観（街並み）を変えずに施工を進めるようにした（1）。

　近隣が隣接している現場では重機を使うことができないので、人の手で少しずつ解体していくことになった（2）。壁は小舞が入った土壁で、隣地境界までシートで覆いながら壊し、搬出した（3）。

0 細い路地に面して同じような築年数、開口、高さの建物が並ぶ

1 解体時の外観。外からは、変わった様子はわからない。近隣に不安を与えないよう外側はほとんどそのままにしている
2 解体時の内部の様子。重機が入らないので手で運ぶ必要がある。まずは一旦壊しながら徐々に外に分別しながら搬出していく

② 解体後調査の上、補強の提案をする
解体後に現況を細かくチェックして指針をつくる

　柱や梁の大きさ、腐朽具合、金物等を細かくチェックして、これから計画する内容に沿って補強の方向性を検討する。スケルトンになったタイミングで構造事務所にも声をかけて一緒に進めていくと確実だ（4）。

　解体すると、床下のため調査できなかった部位も現れて、腐朽の様子がよくわかる（5）。築50年のこの住宅は基礎や土台がなく、土台の役割をする木を地面に直に据えていた事実も判明した（6）。

　さらに、写真7のように柱にはエアコンスリーブの配管の欠込みがされていたりした。

　このように築年数の古い住宅の場合、どのように建てられているのかわからないことが多いので、それを把握する意味でも、部分的に解体して施工するより、柱と梁のみにしてすべての調査から始めたほうが安心である。

3 解体して見えてくる外壁の左官や下地の様子。さらに手で除去して現れた柱や梁
4 柱と梁にするスケルトンリフォーム。柱と梁があらわになった状態まで解体して構造をチェックしていく

5 解体すると土台らしきものが現れた。しかし形はほとんど朽ちて残っておらず、基礎と共に改めてつくる必要がある
6 浴室まわりの木材も溶けたように腐朽しており、長い時間の中で水シミが床下に回っていたようだ
7 サッシの再利用で残すことになった部位の柱には、エアコンスリーブの穴が。

月間工程を組む（土台・基礎工事～上部構造補強）

解体して調査をした上で、構造の指針を出す。ここで1か月単位程度の工程をもう一度組み直すとよい。材料の追加や見積りの増減など、併せてチェックする。

今回は調査段階ではわからなかったが、水平が非常に狂っていて、是正するために改めて構造材料を追加することになった（2階胴差）。

作業内容	月・日 9 30 日	1 月	10 水	20 土	30 火
木工事		工場にて墨付・刻み・段取り	軸組補強　研磨	床組・サッシ・耐力壁	
金属製建具工事		サッシ発注	サッシ搬入		
外壁工事		外壁材確認		外壁サイディング張り	
電気設備工事			逃げ配線開始 外部スリーブ		
給排水衛生設備工事			逃げ配線		
ガス設備工事			逃げ配線		
鉄骨階段		工場にて製作	搬入・建方		
その他			UB・フローリング発注		

T邸改修工事　10月工程表
平成24年08月20日
平成25年12月22日

③ 土台および基礎工事
基礎や土台もないところからのスタート

　この現場では土台や基礎がなかったので（8）、通常は基礎や配筋から進める建築工事を、土台を鋼製束で支えて（9）据えるというところから入った（10）。

　鋼製束で土台を持ち上げてレベルを合わせたあと、土台にアンカーボルトを埋め込んでおく（11）。

　基礎の配筋（12）や防湿シートの敷込み（13）も同時に進める。また鋼製束は基礎の中に埋めてしまう。

　基礎の考え方は、写真14のスケッチのように、既存のモノにかぶせた。それぞれの既築状態により構造設計者と打ち合わせながら、適宜対処することが大事である。

　次に、コンクリートを打設して型枠を外す（15〜17）。既存の柱を残す部位に金物を入れる。

8 基礎がないので鋼製束の上に柱と梁のスケルトンにした上で土台を据えた
9 土台下には鋼製束をサポートとして設置し、そのままコンクリートで基礎を一体に埋めることにした
10 鋼製束を土台に緊結している。通常は基礎の上に土台を置くが、まずは柱梁、土台を固めるために基礎工事を後工事にしている

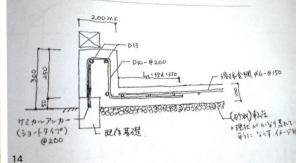

11 土台にアンカーボルトを埋め込み、基礎と堅結する準備をしている
12 土台を支えるために設置した鋼製束は基礎配筋の中に埋めてしまう
13 床下は乾いた状態であったが、防湿のためシートを敷き込む。その上に配筋をする
14 構造事務所と打ち合わせたときの基礎スケッチ。リフォームではその場に応じて補強方法が変わる。現状に沿って構造補強の方法を考えていく

15 基礎コンクリートを打設して型枠を外した状態になっている
16 基礎立上り。スケッチのように既存基礎に抱かせる方法なので、土台よりも大きなかたまりになっている
17 既存の柱の下には新しい土台を据えている。残せる部位をチェックして劣化の度合いが少ないものはそのまま使う

④ 上部構造補強

耐力壁をバランス良く配置し、建物の骨組を強くする

　柱や梁の水平を調整して、金物で補強する（18〜20）。
　腐朽した柱は新しいものに交換したり（21・22）、金輪継ぎなどで継ぐ。
　梁は合わせてはさみ梁として補強したり（23〜25）、下から枕梁で補強したりする。リフォームは新築と違って机の上で方法論は組み立てるが、現場の実際の架構に沿った提案と施工が必要である。

18 水平がだいぶ狂っているので、今工事で是正する。そのために改めて胴差桁を追加することとなった

19・20 全体の水平レベルをレベラーなどで精度を出して全体を立て直す。既存部に十分な耐力壁がないので今工事でしっかり設置していく

21 角の柱は雨漏りで腐朽していた。開けてみないと根元の確認がとれないので、継手や仕口が見える状態になるのは有効だ
22 新しい柱に入れ替える
23 1階の桁も金物で補強している。補強方法もいろいろあって、金物を使用したり枕梁で支えたりするはさみ梁など、現状に一番則した方法で考える
24 合わせ梁として既存梁をはさんで梁補強している部位。補強方法にはいろいろなやり方がある
25 枕梁で補強。既存梁が小さく細い場合、下に添えてボルトでつなぐ方法もある

2階の床は、構造用合板で面剛性を図った（26・27）。

　同時に筋交いを入れて壁補強も進める。筋交いの利かない細い部位は面剛性で壁を固める（28）。

　土台や柱には新築時と同じように防蟻の処理も施す（29）。この現場は外壁が非常に劣化しており、新規にやり直す必要があった。しかも通気の処置をして（30）等級3をクリアしなければならない。劣化したまま50年放置された外壁はめくれ上がって中が見えるほどだった（31・32）。柱と梁という骨組みだけにすることにより、内部から引き寄せて施工するという施工が可能となった（33・34）。ただし、シール（コーキング）をする必要があるので（35）、施工は難航した。また住宅密集地であることを鑑み、既製品の不燃横貼りサイディング材を用いた（36）。リフォームの場合も、条件の範囲内でできる限り現法規に近付ける努力をすることが求められる。

　余談だが、足場が立てられない状況は隣家も同じなので、この際、隣家の外壁が腐朽している場合、声をかけて見てもらった上で、是正の提案をするということもした。

26 平剛性を桁と梁を24㎜の構造用合板張るという面でとる方法
27 2階の床は構造用合板で水平剛性をとった。水平剛性をとるとともに2階の床下地ができるので作業効率が高まる

28 後から耐力壁を入れる場合、筋交いなどより構造用合板などで耐力壁を面剛性でとる方法が実質的だ
29 防蟻処理剤を塗布
30 通気工法下部には防虫処置
31 既存外壁は、中まで見えるほど劣化していた
32 木の外壁は暴れがひどく、めくれあがった状態になっていた

33 隣との距離がなく外で作業する場所がないので内部から外壁を施工する方法をとっている
34 室内から施工するので防湿シートも細長く切って1枚ずつ施工した
35 シール（防水）も下から上に1枚ずつ貼った順に行う
36 外壁は、下から順番に長いサイディングを1枚ずつ張り上げる

完成までの月間工程を組む

　基礎や梁の補強には、ほぼ1カ月かかった。ここで改めて、引渡しまでの工程をみんなで共有できるように、詳細に組み直した。目標を持って工事を進め、材料の手配や各工程の施工者の手当てをスムーズに行うためである。同時に、クライアントや近隣に周知する。

T邸改修工事　11・12月工程表
平成24年08月20日
平成25年12月22日

作業内容 \ 月・日	10月	11月	12月
仮設工事			養生・残材引上げ／クリーニング
木工事	床・壁・天井下地／額縁・建具枠加工設置	断熱入れ・天井張り／床張り・框・階段・巾木	壁ボード・家具／残工事
板金工事		樋吊り	
鉄骨工事	螺旋階段設置		
外壁工事		外壁サイディング張り	
金属製建具工事		インナーサッシ	
木製建具工事		建具採寸	建具吊込
内装工事			クロス・CP貼り
塗装工事			内部逃げ塗装／建具・残塗装
住宅設備機器工事		UB組立／システムキッチン	器具納品
雑工事			
電気設備工事	逃げ配線2階／逃げ配線1階		器具付け・仕上げ
給排水衛生設備工事	内部逃げ配管		器具付け・仕上げ
換気設備工事	外壁スリーブ		器具付け・仕上げ
ガス設備工事	内部逃げ配管		器具付け・仕上げ

⑤ 外壁工事
限られたスペースの作業でも、工夫して劣化防止施工

　現況は、隣家との距離がなく施工方法がなかったようで、そのために外壁の傷み方が激しかった。室内から貼り上げと防水を施す手順で、写真36のように下から順番に張り上げていく。1枚貼ってはシールを施すという方法（35）で隣家との隙間で行うため、無理な姿勢で時間をかけて張り上げていった。

　通気工法なので通気の胴縁、下部には防虫レールを施工する（30）。

⑥ 内部造作工事
現場の整理整頓を心がけながら、室内をつくりあげる

　バリアフリー対策（高齢者対策等級3以上）としてトイレは幅や奥行きに規定がある。この住宅は十分な広さが確保できないので、戸を外すことで介助できる空間を得る手法にした（37・38）。このように、リフォームの場合、知恵を絞って方法を模索するということが設計の醍醐味にもなり、カタログで選んでただ取り付けるのではなく、「つくる住宅」に携わる設計者と施工者の手腕を問われることになる。

　狭い小さな現場では用具を整理するのも仕事のうちである。特にリフォームの場合、住みながら施工することもある。音や埃のストレスの観点から、望むらくは仮住まいをしていただきたいが、いずれにせよ「直して住みたい愛着のある住宅」なので、現場はきっちり整理して清掃を怠らないように努めよう（39・40）。

　この現場では、廃材や端材を「お持ちください」と写真のような箱に入れて建物の前に置くことを試みたところ（41）、あっという間になくな

37 トイレの扉をすべて外した状態。トイレは扉を外した状態で介助できる大きさが確保できるように壁でなく建具として考えた
38 トイレ竣工時。扉は取り外し可能。いつもは建具が入っているが一部引き込んだ状態

るほど重宝された。住宅密集地での、柱・梁をスケルトンにして基礎や土台からやり直すリフォーム施工は、近隣の住民にとっても興味深いことらしく、通りがかりの人たちが様子を眺めていく。リフォームに対する啓蒙活動にもなったのではないか。また、工務店の計らいで「包丁を研ぐ」というサービスも行った。

39 整頓された現場。現場はとても狭いので、安全と効率のため足元をキレイに保つよう整理されている
40 掃除用具など、仕上げる前の壁を利用して上手に整理している
41 外に端材箱を置き、端材などを箱に入れて「お持ち下さい」と出しておくと、驚くほど近隣の人たちが喜んで持っていく

⑦ 窓工事
既存＋新規のもので性能アップ

　予算の調整もあり、サッシは一部既存を残した（42）。しかし温熱環境の等級を確保する必要があるので、既存サッシの内側にインナーサッシを設置し、性能を確保している（43）。

　新しく入れるサッシは、住宅密集地であることや建築基準法に準じる意味で防火設備とした（44）。

42 既存サッシを残した窓。予算のために使用可能な窓はそのまま活かすことにして解体のときに残した
43 内側にインナーサッシを設置し断熱。既存窓では温熱省エネ性能が低いので、その手前に樹脂サッシを取付けた
44 新規サッシは防火設備。リフォームでは既存を残す部位と新しく設える部位が混在するが新しくする部位ごとに建築基準法、消防法に準ずる仕様にする

⑧ 仕上げ工事
通気層を確保し、防火性能を高める

　外壁は不燃材で通気工法にして、扉は防火設備である。出入口の段差はスノコ状の台を設置して解消した（45・46）。

　トイレの位置はほとんど変わらないが、タンクレスにし、サイズをコンパクトにした。そして高齢者対策として介助できる空間を確保するために、扉を外すことのできる仕様にしている（47・48）。設計上の配慮として、以前の開き戸から引戸にして、スペースを節約した。また、リフォーム前は扉を開けるとそのまま便器が露出し、出入口からも丸見えだった。小さな住宅なので、便器がそのまま見える景色を避けるべく、横から出入りするようにした。

45 リフォーム前の出入口の様子。狭い場所にコンクリートブロックの塀があり、ますます窮屈な状態となっていた
46 リフォーム後。入口に段差を解消するためにスノコを設置している。狭い間口で近隣との距離もないので給湯器はメンテナンスを考慮して表に出すしかなかった
47 リフォーム前のトイレは、扉を開けたら玄関から便器が丸見えだった
48 リフォーム後。扉を外すと介助する人も入れるスペースになるよう、高齢者対応型になっている

⑨ 設備について
身体に負担のない空間づくりと既製品を上手に使う

　風呂場は入口の段差が大きく、洗面を兼ねており、脱衣室もなかった（49・50）。まず、風呂場の外に脱衣の場所をカーテンで区切ることで確保し、そこに洗面台も設置した（51）。今回、劣化等級の基準のために、有効な防水仕上げを施す必要があった。併せて高齢者への配慮等級確保のために、段差や寸法の規定を順守する必要があったのでユニットバスを入れることにした（52）。以前は断熱されておらず、非常に寒い上に防水性能も確認できない状態だったが、間口・手すり・断熱、そして広さなどすべての要件をリフォームすることで担保した。さらに都会で洗濯物を干す場所が限られているので、換気乾燥機を設置して生活面での向上も図った。

　リフォーム前は1階の北側の一部を除いて、すべての部屋が通路になっていた（53）。部屋に居心地の良さを与えるためには、背中があるコージーコーナーをつくる必要がある。今回のリフォームでは、2階に上がる階段を道路側に設置することにより、階段から光を落として1階を明るくすることと、動線を短くして部屋の居心地を良くすることを設計で実現した。まず、出入口から1階の北側の部屋に行く通路を台所にし、台所と風呂場のわずかな界壁部分も収納にして、無駄のない空間の使い方に留意した。高齢者への配慮等級を確保する意味でも、コンロ＋流し台と食器棚との間の通路は780mmとって、作業する動線と通路を兼ねている（54）。コンロ＋流し台は予算を鑑みて既製品を導入したが、隙間をうまく利用して造作家具を造り付け、炊飯器や電子レンジなどの家電を置く場所とした。さらに既存サッシの前の内側にはインナーサッシを設置して断熱し、防犯を兼ねて取り付けたステンレスのバーにはレードルなどを掛けることができる（55）。

49・50 リフォーム前。段差があり狭くて寒い風呂場。洗面所と広場は同じ空間だったので、入浴中は洗面所が使えず、脱衣室もなく、大きな段差もあって、不便であった
51 ユニットバスで防水性能、断熱性能を確保して、脱衣時にはカーテンで仕切れるようにした
52 リフォーム後。新規ユニットバスで一新

53 リフォーム前はすべての部屋が通路だった。出入口に立つと、この光景。荷物が両側に並び、避難時にも危険な状態だった
54 リフォーム後。コンロ+流し台と食器棚との間を780mmとって、作業スペースと通路を兼ねた。収納も適宜あり、すっきりしている
55 リフォーム後。通路と作業スペースを兼ねた台所で空間を有効活用している。家電や食器などの置き場所も邪魔にならないよう考慮している

⑩ 収納について
計画的な収納スペースで居場所を確保

　1階北側の唯一守られた部屋も寒くて居心地が悪く、収納が全くなかったため場当たり的に家具を置くことで、物置のような状態になっていたのが (56)、適宜収納を計画して部屋として機能するようにした。
　寝室の広さは押入とクローゼットを設けて布団を収納できるようにした上で、9㎡を確保している (57)。

56 リフォーム前の物置のような1階北奥の部屋。集う場から出入口のほうを見る。が、しかし見えるのは冷蔵庫

57 リフォーム後。寝室となった部屋にはかつてタンスが置いてあったが、押入を設けて収納スペースとした

⑪ 階段
階段位置を変えて動線をすっきり、光も1階に採り入れる

　今回のリフォームの一番の要は動線と光の考え方で、その大半は、らせん階段が担っている。以前の階段は急勾配で幅も狭く(58)、もっとも居心地が良い2階に上がるのも至難の業であった。それをコンパクトにらせん階段として道路側の一番南に持ってくることにした。鉄骨のらせん階段は工事の初期段階に現場に持ち込まれることから、工事の作業効率の向上にも、ひと役買っている。らせん階段の段板がぶつからない高さと位置に出入口（玄関）の扉を計画し(59)、階段下には靴を並べる場所を設けた。階段の勾配や踏面、手すりなど安全性も等級をクリアしている(60)。

58 リフォーム前。急勾配の鉄砲階段。ハシゴのような階段で暗く危険であった
59 リフォーム後。らせん階段、1階より。らせん階段を出入口に持ってくることで、南側の光を2階から1階に差し込ませることにした。手すり、勾配なども性能確保している
60 リフォーム後。2階よりらせん階段

⑫ 居室
通路になっていた空間が、居心地の良い落ち着く部屋に

　2階北側の部屋も、以前は通路として使われ落ち着きのない場所だったが (61)、背後や前を誰かが通らない動線計画で落ち着いた居場所を確保することと、収納を適宜設置することで部屋として機能させることに成功した。ここにはあえて扉を付けず、風の通りを期待している (62)。子供たちはそれぞれのプライベートな場所を持ち、既製品のロフトベッドを入れることで、ひとつの場所を2層に使うという解決策をとった (63)。空間を有効に活用するために、ただ部屋を設けるのではなく、それぞれの住み手に添った提案をするのも設計者としての大事な目的である。

　この場所にこのボリュームの持ち物を入れて、入れない（不要な）ものはどう処分するかという話し合いや、設備を配して（インターネット配線やエアコン、コンセント等）どう活用するかといった生活提案まで具体的

61 リフォーム前の2階北側の部屋。閉塞感が漂う暗さ
62 リフォーム後。できるだけ日が入る設計とした
63 ロフトベッドを入れて、空間を有効に使う

に導いてあげると、その後の住宅が活き活きと動き出す。住み手によっては不必要な場合もあるが、リフォームしたいという動機は「不都合がある」からであり、表層にとどまらず一歩中に入って、設計提案することで改善されるようにしたいと考えている。そのために予算を増やしてもらうようなことになるかもしれない。しかし結果的に「提案してもらって良かった」と満足してもらうためには、予算などの条件の枠に入れることだけに留意しないことも頭の中に入れておきたい。

　南側の光が一番入る部分には(64)、バルコニーがある。洗濯物が干せる唯一の場所だが、雨の日や帰宅が遅くなる日、花粉の時期もある。今回のリフォームでは階段上部の吹抜けに物干し金物を取り付け、室内にも物干場を確保した(65)。

　このリフォームで居心地の良くなった2階の南側は、本やパソコン、テレビなどの置き場所を用意して、共用の場所として、家族がなるべく長く過ごせるように計画した(66)。

64 リフォーム前の2階南側。日当たりが良い部屋であるにもかかわらず、バルコニーへの通路の役目しか果たしていない
65 リフォーム後。階段上部の吹抜けに取り付けた物干金物
66 室内も明るくなり、居間としての空間イメージもはっきりした設計

⑬ 引渡し

リフォームが完成すると、引渡し時に、リフォームに関わる書類(地盤調査、建築確認、住宅性能評価、竣工図、現況図、維持管理記録書、改修工事記録、工事監理報告書、工事記録写真、保証書、瑕疵担保保証書、住宅履歴情報)などを住宅履歴書類専用ボックスにおさめ、今後のメンテナンスで使用する資料として保管してもらうよう勧めている(67)。

環境家計簿について

住宅医協会では、建物の性能をあるレベルまで確保するというリフォームの目標を達成すると同時に、リフォーム後も定期点検を行い、環境・エネルギーを「見える化」するという意味で、環境省が行っている環境家計簿をつくって提出している。まず、住み手が毎月使用している光熱水費を、電気・水道・ガス・灯油とそれぞれに過去1年間にわたって領収書で調査して、月ごとに整理しておく(領収書がない場合はお客様番号で調査できるので、聞いておく)。それを環境家計簿ソフトに入れるという手順である。毎年、毎月更新することで、生活機器の使用に無駄がないか、といった生活改善のきっかけになり、省エネにもつながる。

67 引渡しの説明

環境家計簿結果（リフォーム前）

エネルギー比較（GJ）

※住まいのエネルギー性能評価数値の算出値
住宅　エネルギー削減率　　-1.2%
家庭　エネルギー削減率　　-1.2%

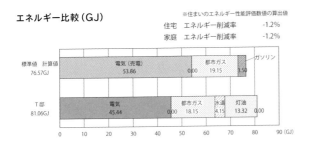

上段が一般家庭の内訳、下段がT邸の内訳である。ここで読みとれるのは、平均より少ないものの、電気料などは、この規模の住宅にしては相当使用している状態を表している

月別エネルギー比較

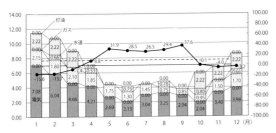

やはり電気使用量が多い。特に冬場12月～3月あたりまでは目標削減率（-----）を上回っている。寒さ対策は必須と見ることができる

CO_2排出量の比較（kg-CO_2）

住宅　CO_2削減率　　1.1%
家庭　CO_2削減率　　1.1%

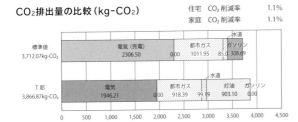

灯油の使用量が多いことで、CO_2は標準値を超えている。気密性がなく、断熱材も不十分なので、まるでオープンカーのような状態であることがわかる

光熱費の比較（円）

住宅　節約金額　　43,220円
家庭　節約金額　　43,220円

がまんをするということで抑えられた費用。決して居心地が良くて平均値より安価なわけではない。電気、灯油代金はこの規模の住宅にしては高価なランニングコストになっている

※ここで言う「一般家庭」とは、約8,000世帯の統計データから算出したもの

6　T邸の完成

すべての部屋が通路でもあった空間を、構造から見直して居場所を確保し、採光にも配慮した住宅へ

　T邸は、これまでの経緯のとおり、最初にプラン提案したものでそのまま実施施工することができた事例である。小さな住宅であることと国交省の補助金を受ける手続きもあり、リフォームするにあたって必要な要件をすべて盛り込んだ内容である。掲載図面では表現に限度があるが、耐震補強や断熱、換気など性能を確保した、構造部分＝インナーマッスルから鍛えた住宅になっている。

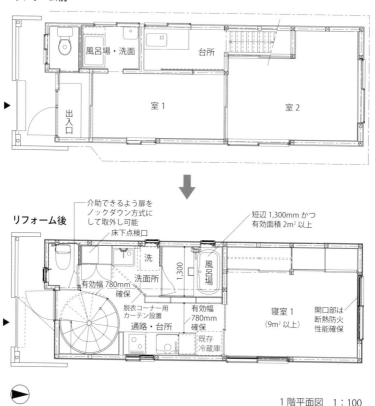

1階平面図　1：100

このリフォームで感じてほしいのは、性能や必要要件をクリアすることにとどまらず、暮らしに添った住宅によみがえらせることの価値である。そして、住み手による住宅への愛着が深まることは、今後のメンテナンスに取り組むことで延命していく。「この家は暮らしにくいけど、どうしようもない」とあきらめていた住み手が、安心できる暮らしを手に入れたのである。

建物データ

建物名称	T邸
家族構成	母、子2人
所在地	東京都23区
延床面積	49.72㎡（1階25.04㎡ 2階24.68㎡）
構造・規模	木造軸組、2階建て
工期	2012年8月1日〜2013年12月28日
工事費	1,575万円（設計料・税込）
設計	田中ナオミアトリエ一級建築士事務所
施工	かしの木建設（株）
構造指導	山辺構造設計事務所

リフォーム前

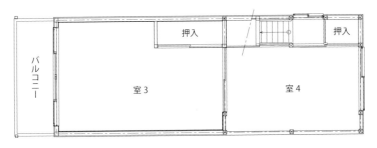

リフォーム後

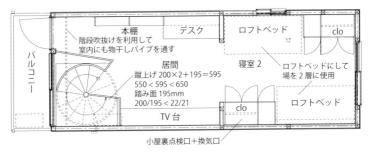

2階平面図　1：100

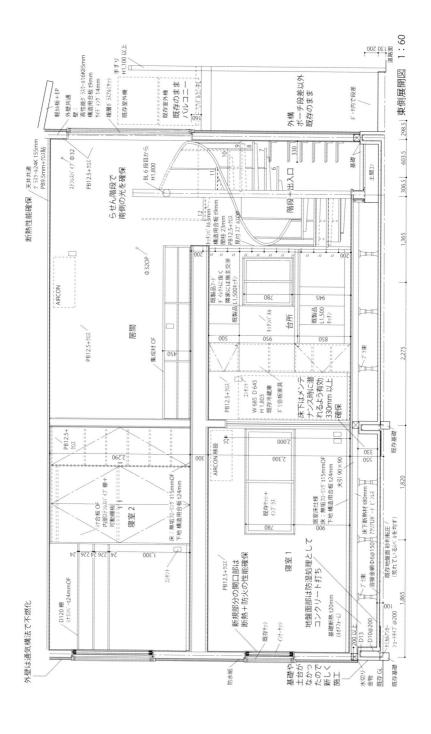

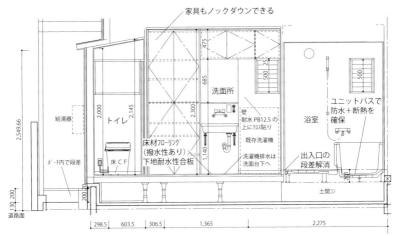

西側展開図 1:60

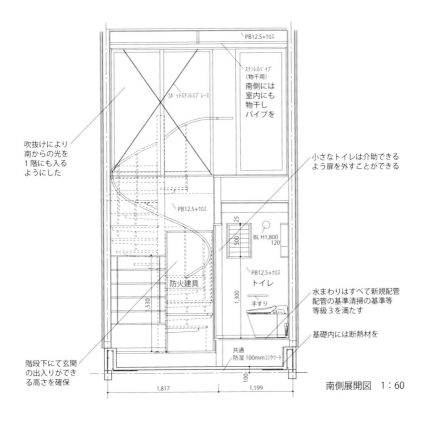

南側展開図 1:60

column 3

木材もつくる時代から活かす時代へ
ウッドマイルズフォーラムの取組み

日本の森林と木材利用の現状

日本は、緑豊かな木の国・山の国と言われる。年間約7,000万㎥を超える木材供給量、約8割以上が木造である戸建住宅、年間約2,500万t前後の紙製品消費量、64%という世界的にも高い森林率、40億㎥を超える森林資源蓄積量など、数字を見ても森林保有大国かつ木材消費大国である。また、低炭素社会の構築が叫ばれる中、二酸化炭素吸収源としての森林や天然循環資源である木材への期待も大きい。

しかし、日本の木材自給率は、2005年の18.4%から2012年の27.9%と、さまざまな政策により増加しつつあるものの依然として低い状態にあり、その理由は戦後からの歴史にある。戦時中に乱伐された全国の緑を取り戻すべく戦後の拡大造林政策によって一斉に植林が行われたが、その後、急増する

管理放棄された人工林（岐阜県郡上市）

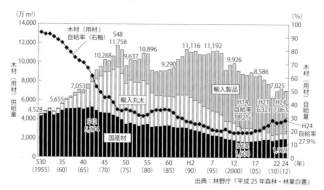

木材供給量と木材自給率の推移

出典：林野庁『平成25年森林・林業白書』

木材需要に間に合わず木材の輸入の自由化が行われ外材輸入が本格化し、一方、日本の林業や木材業は整備や合理化が遅れた。その結果、全国各地で管理放棄された人工林が残され、適切な間伐がなされずモヤシのように細い状態のまま木が生長を続けており、土砂崩壊や台風・雪による災害も頻繁に発生している。

一方、世界では森林減少に歯止めがかからず、違法伐採製品の増加も問題視されており、緑豊かな木の国・山の国で暮らす私たちの木材消費による国際的責任はきわめて大きい。

ウッドマイルズとは？

ウッドマイルズとは、ウッド（wood）にマイルズ（miles）という距離の単位を加えた造語で、木材の輸送距離を示す。食糧の輸送距離を示すフードマイルズにヒントを得て、2003年にウッドマイルズ研究会が提唱した指標である。

日本が頼る輸入木材は、アメリカ、カナダ、中国、マレーシア、インドネシア、ロシア、フィンランド、オーストラリア、ニュージーランド、チリなど、世界中のはるか彼方の国々

雪害林（岐阜県美濃市）

日本へ輸入される木材の輸送距離

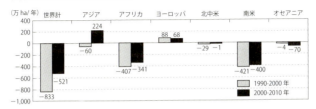

世界の森林面積変化（地域別）

出典：林野庁『平成25年森林・林業白書』

column 3

からやってきている。木材の輸送量（㎥）にウッドマイルズ（km）を掛け合わせた数値を「ウッドマイレージ（㎥・km）」と呼び、国や世界の木材消費の態様を示すマクロな指標として使用しているが、特に遠方諸外国からの輸入に頼る日本のウッドマイレージは、アメリカの約4.5倍、ドイツの約21倍にもなり、私たちがきわめて遠方の諸外国から木材を調達していることがわかる。

ニュージーランドの木材運搬トラック

輸入材は遠方から木材を運んでいるため、その輸送エネルギーも莫大になる。この輸送エネルギーをCO_2排出量に換算したものを「ウッドマイレージCO_2」と呼んでいるが、最も遠い欧州材は国産材の約6倍にもなる。

ウッドマイルズ研究会の取組み

全国的に近くの山の木で家をつくる運動が広がった2003年に、ウッドマイルズ関連指標を用いて木材の地産地消運動を推進しようと、全国の自治体・森林・木材・建築関係者の有志が集まり、ウッドマイルズ研究会を発足した。主に建築物に使用される木材の輸送距離を短縮し、輸送エネルギーの削減や地域材需要の活性化を目的として活動を開始し、発足当初は全国の自治体や各地の活動グループと共鳴し、自治体の都道府県産材の推進施策への利活用や地域材による木造建築物の環境評価をとおして、自治体・市民・建築関係者へ一定の広がりを見せた。自治体においては、輸送エネルギーの削減量を示すことによる環境貢献の見える化が、建築関係者においては輸送距離が短い顔の見える木材での家づくりを環境的にもアピールできることが、活動に賛同する大きな要因となった。

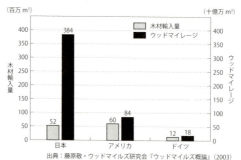

日米欧の木材輸入量

出典：藤原敬・ウッドマイルズ研究会『ウッドマイルズ概論』(2003)

たとえば、地域材を用いた一般的な住宅は、欧州材を用いた一般的な住宅に比べウッドマイレージCO_2を約6,200kg-CO_2減らすことができる。ガソリン消費量に換算すると、約2,700ℓ分になる。

また、そもそもウッドマイルズを算出するためには、産地から消費地までの木材流通履歴が必要となるため、木材のトレーサビリティの確保も要求することになる。

京都府産認証木材初出荷式

輸送エネルギーを削減でき、かつトレーサビリティもきちんと確保された安心・安全な地域材、という利点を数値によって示すことができるウッドマイルズ関連指標は、地域材を売りにする木材業者や建築業者の販促ツールとして、また、自治体の都道府県産材の利用推進パンフレットや評価ツールとして活用された。

京都府や屋久島町では、自治体の木材認証制度の仕組みの中に、環境指標としてウッドマイルズ関連指標の算出が組み込まれ、地域のNPOや関係団体によって運用されている。

ウッドマイルズセミナー2010（京都）の様子

地域材の総合的な評価を目指して

ウッドマイルズ研究会では、各地のセミ

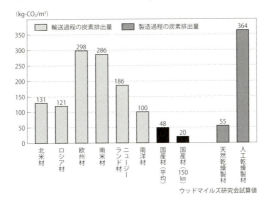

産地別ウッドマイレージ（CO_2:kg-CO_2/㎥）

ウッドマイルズ研究会試算値

column 3

木材を活かす時代

今年(2014年)、持続可能な林業先進国ドイツで「ドイツの保続林業300年記念式典」が行われ、メルケル首相の記念演説が行われた。ドイツでは300年かけて持続可能な森林をつくりあげたという市民共通の誇りや、森林は文化遺産という共通認識があるそうである。

日本は戦後の植林も含めて緑豊かな列島をつくりあげた。不健康な森林もたくさんあるが、この資源をどのように活かし、どのように持続的に維持していくのか、今、私たちの世代に強く問われている。

ウッドマイルズ研究会も、2014年に一般社団法人ウッドマイルズフォーラムへと体制を強化した。ウッドマイルズに限らず、地域の森林や木質資源の持続可能な利活用方法を追求し、推進していくための活動を続けてきたいと考えている。

（滝口泰弘）

ナー活動を精力的にやってきたが、2008年頃からはテーマを「木材の環境指標の連携・統合」として活動の幅を広げた。これは、近くの山の木材はウッドマイルズの視点からは確かに良いが、そもそも国内の森林は持続可能な経営がされているのか、建築実務においては川上と川下の信頼できる関係者の連携や木材の品質・価格のほうが大切という声が高まったことや、中小製材所が供給する地域材の品質管理や安定供給等の現実的な課題が見えてきたことから、実際に地域材の需要を拡大するために、総合的な視点や取組みの必要性が出てきたからである。

その後の研究会の成果のひとつとして、「木材調達チェックブック」の作成があげられる。木材利用者が総合的な視点から木材を評価できるようにまとめた冊子で、「産地（森林の持続可能性）」、「流通（履歴の信頼性）」、「省エネルギー（木材生産の環境負荷）」、「基本的な品質（強度・含水率）」、「長寿命（木材の長期利用）」という5つの視点から、全国一律の認証制度や評価手法だけでなく、身近にあるさまざまな情報や手法も含めて、木材利用者が使用する木材をチェックする方法をまとめたものである。

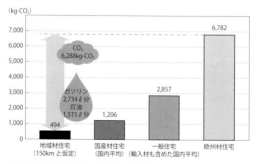

木造住宅のウッドマイレージ　CO_2比較

住宅の木材使用量は日本住宅・木材技術センター「木造軸組工法の木材使用量(H13年度調査)」による。国産材住宅、一般住宅、欧州材住宅のウッドマイレージCO_2は、ウッドマイルズ研究会試算値。ガソリンCO_2排出係数：2.3kg-CO_2、灯油CO_2排出係数：2.5kg-CO_2として算出。住宅モデルは、建築学会「住宅用標準問題（延べ床面積125.86m²）」を使用

第 **3** 章

住宅医が手がけた
リフォーム3事例

Case 1

世代を超えて住み継ぐための耐震補強、
身体に負担のないリフォームで住み心地の良さも実現
〈小山の改修（I邸）〉

　1982（昭和57）年に建てられた木造2階建て、24坪の町屋の改修である。50代の夫婦とその娘、ご高齢のお母様が住まう2世帯住宅であり、バリアフリー性や断熱性能を高め気持ちよく暮らすための改修はもちろん、耐震性能、維持管理性等、安心して住み継ぐことのできる住まいを目指した改修事例である。

1階リビングダイニング。壁・天井の仕上げはクロス張りで、一部にJパネル現しとしている。床材は唐松のフローリング

建物データ	
建物名称	小山の改修（I邸）
家族構成	夫婦、娘、母
所在地	大阪府藤井寺市
延床面積	（改修前80.19㎡［1階46.17㎡、2階34.02㎡］）
リフォーム面積	86.27㎡［増築6.08㎡］
構造・規模	木造軸組、2階建て
工期	2011年9月〜2011年12月
工事費	1,468万円
設計	Ms建築設計事務所
施工	新協建設工業（株）

北側外観

リビングダイニングに設えた造り付けのベンチクッション

2階にある音楽鑑賞用の個室。大量のCD・レコードを納める棚を設けた

玄関扉は木製引戸。段差部分には手すり設置

　建売物件の購入後、約30年が経過し、ライフスタイルの変化や共に暮らすお母様の健康面への配慮から全面改修を決めた。

　室内の段差、急な階段、寒い浴室など、高齢者にとって危険な要素を取り除き、安心・安全に暮らせる住まいを目指した。安全という点では、地震によって倒壊しない耐震性を確保し、子供世代にも住み継ぐことのできるよう骨格の補強も同時に解決していくことが求められた。

　24坪ほどの小さな住まいに十分な収納はなく、物が部屋中にあふれていた。とくに、音楽鑑賞が趣味のご主人が所有するCD、レコード、音響機材が2階個室に入りきらず、まとまった収納スペースの確保が必要とされた。また、家事動線が長い上に生活動線と交錯するなど、生活形態に合わせたプランニングの変更・整理も併せて行うこととなった。

小山の改修（Ｉ邸） ── 第3章 ◇ 住宅医が手がけたリフォーム3事例

①北側外観
リシン吹付外壁、瓦吹き屋根など、比較的きれいな状態であった

②西側外観
閉めきった雨戸や現在使われていないエアコンのドレン配管などがそのまま残されていた

③南側屋外物干場
42cmの段差を毎日上り下りして、物干しを行っていた

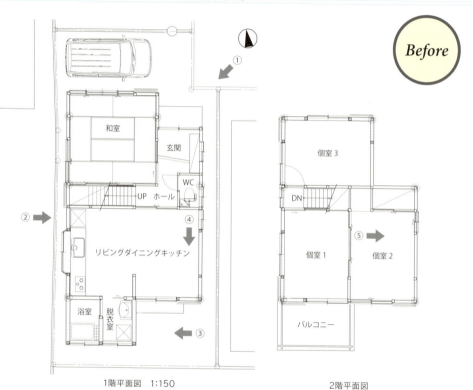

1階平面図 1:150

2階平面図

Before

④リビングダイニング
収納の少なさから、所狭しと物があふれている

⑤個室2
窓の前面に物が置かれ、窓の開け閉めが困難な状態

①北側外観
2階の一部を増築した際に、既存外壁の上からリシンを吹いた

②西側外観
雨戸や小庇を取り除き、スッキリとした外観

③サンルーム
屋外物干しだった場所にサンルームを増築。家事動線から段差を解消した

After

1階平面図　1:150

2階平面図

④リビングダイニング
壁面収納や造り付けの家具を製作。無造作に物があふれないようすっきりさせている

⑤個室2
ご主人の趣味のためのレコード棚。30㎜の杉パネルで造り付けた

建物の劣化は想像以上に進んでいるもの。
住宅医の調査はそれを明らかにし、住み手の望むリフォームへと導く。

〔 リフォーム工事の実際 〕

詳細調査の様子

住み手からの聞き取り調査をはじめ、屋根や外壁、室内の劣化箇所の確認、床下や小屋裏に潜り、構造材の蟻害や腐朽の有無の確認、金物の有無を確かめた。ただし、そういった一般的な構造や断熱性能の確認だけでなく、維持管理のしやすさ、バリアフリー性、室内環境（採光、換気）、耐火性などについても調査を行った

住まいの診断レポート（構造診断）

○耐力壁の配置バランス判定

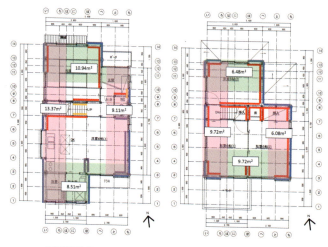

一般診断法（日本建築防災協会）に基づいた耐震診断を行い、既存建築物の耐震診断を行う。耐力壁が適切に配置されているか、また、釘ピッチや金物が所定の間隔で入っているかを現場で目視確認し、図面上にプロットしていく。釘や金物補強が適切でない場合や劣化の程度に応じ、耐震性能を低減して評価する。外壁のモルタル塗り、石膏ボード張りが確認されたが、所定の厚さや釘ピッチが認められなかった。各階平面にバランス良く配置されているように見えるが、壁倍率（壁強さ倍率）が低いため、各階、各方向共に判定はNGと出た。改修にあたっては新たに筋交いを導入して壁量の充足を図る計画とした。その他、柱頭柱脚金物の有無を確認、外壁基礎に見られるクラックを調べ、必要箇所への金物の追加設置、クラック補修を行った

各階壁量計算

壁方向		エリア	床面積(m²)	必要壁量(m)		存在壁量(m)	充足率(%)	判定2	壁率比(%)	判定1
2階	東西方向	北側端部	6.48	1.37	>	0.46	33	NG	66	OK
		南側端部	9.72	2.05	>	0.46	22	NG		
	南北方向	西側端部	9.72	2.05	>	0.93	45	NG	62	OK
		東側端部	6.08	1.28	>	0.93	72	NG		
1階	東西方向	北側端部	10.94	3.61	>	0.23	6	NG	61	OK
		南側端部	8.51	2.81	>	0.11	3	NG		
	南北方向	西側端部	13.37	4.42	>	1.03	23	NG	63	OK
		東側端部	9.11	3.01	>	0.45	14	NG		

耐震性・構造補強

○基礎補強

改修前は無筋コンクリート基礎の上に、木造2階建て（桟瓦葺き）が載る構造。耐力壁は筋交い、プラスターボードがあるものの、留付不良で、現法規基準の5割も満たしていなかった

既存基礎に鉄筋コンクリートの基礎をアンカーで抱き合わせ、耐力壁が負担する水平力を地盤へ有効に伝えられるようにしている。新たに筋交い、構造用合板を付加し、現法規基準以上に強化した。上部構造評点では0.26（倒壊する可能性が高い）から1.0（一応倒壊しない）以上となっている

○床補強

音楽鑑賞が趣味のご主人が所有するCD、レコードの枚数が膨大で、収納スペースを十分にとるとともに、2階の床がこの荷重（約500kg）に耐えられるよう、柱、梁、床根太の選定に注意を要した。40mm×100mmの床根太を303mmピッチで入れ、梁に欠損を与えない、転ばし根太とするなどの工夫を施している。改修の設計に決まったやり方はなく、住み手のライフスタイルや将来的な更新を勘案し、そのつど状況に応じた補強方法を模索していくことが求められる

省エネルギー

Ⅳ地域内に建つ既存家屋の断熱性能は、熱損失係数（Q値）4.20、夏季日射熱取得係数（μ値）0.09と、旧省エネ基準（S55年）ほどであった。グラスウール厚さ50mmが壁と天井に、床下は居室を中心にスタイロフォーム厚さ25mmが確認された

目標として平成4年基準と平成11年基準の中間（Q値：3.45、μ値：0.085）を設定。壁、天井にはパーフェクトバリア厚さ100mmを、日射の影響がとくに大きい西側壁面は二重に充填している。床下は根太間にカネライトフォーム厚さ50mmを敷き（Q値）3.30、（μ値）0.08まで向上している

住まいの診断レポートをもとに、
改修前の状態と改修後の目標値をひと目でわかるようにまとめる。

住宅性能達成証明書

工事名称	I邸改修工事
所在地	大阪府藤井寺市
構造・規模	木造・2階建て
延床面積	176.85 ㎡　53.50 坪
証明者(住宅医)	三澤康彦
資格	1級建築士　第139798号
証明書作成年月日	2012/1/
延床面積	80.19 ㎡

建物写真(外観)

建物写真(内観)

特記事項
耐震性や住環境の改善を中心にリフォームを行うこととなった。
地盤は良好で、基礎の不同沈下や基礎の構造クラックは確認されなかった。
外壁はクラックや劣化箇所は確認されず、綺麗な状態であった。
屋根に関しては比較的きれいな状態で残っており、漏水も確認されなかった。
構造材に関してはシロアリや腐朽による劣化・損傷は見られなかったが、長押や鴨居の取合いに欠損が目立った。

改修前　BEFORE

性能項目	評価項目	目標レベル	合否	添付書類(No. 名称)
1. 劣化対策	【必須項目】			
	1. 全体の劣化低減係数：D	1.0	×	耐震診断書
	2. 壁の劣化低減係数：Cdw	1.0	○	精密診断法劣化図
	3. 独立柱の劣化低減係数：Cdc	1.0	○	精密診断法劣化図
	4. 浴室・脱衣室の防水	等級3	×	劣化度including
	5. 床下の防湿・換気	等級3	×	立面図・基礎状図
	6. 小屋裏換気	等級3	×	立面図
	7. 床下、小屋裏空間毎に点検口	設置	×	平面図
	8. 床下内法高さ	330mm以上	○	断面図
	【努力項目】			
	1. 外壁の軸組等の防腐・防蟻	等級3	×	
	2. 土台の防腐・防蟻	等級3	×	
	3. 地盤の防蟻	等級3	×	
	4. 基礎の高さ	等級3	×	
2. 耐震性	【一般住宅の場合】			
	1. 上部構造評点(一般診断法)	1.0以上	×	耐震診断書
	2. 建築基準法と同等の性能	確保	×	耐震診断書
	【伝統的構法・基礎補強なしの場合】			
	1. 上部構造評点(一般診断法)	1.0以上	該当なし	
3. 維持管理・更新の容易性	1. 配管方法の基準	等級3	○	給排水設備図
	2. 地中埋設管の基準	等級3	○	給排水設備図
	3. 配水管の基準	等級3	○	給排水設備図
	4. 配水管清掃のための措置基準	等級3	○	給排水設備図
	5. 配管点検口	等級3	○	給排水設備図
4. 省エネルギー性	1. 熱損失係数(Q値)	3.45	×	Q値μ値計算書
	基準値：Ⅰ 1.70、Ⅱ 2.30、Ⅲ 2.85、Ⅳ 3.45、Ⅴ 3.65、Ⅵ 5.90			
	2. 夏期日射取得係数(μ値)	0.085	×	Q値μ値計算書
	基準値：Ⅰ、Ⅱなし、Ⅲ、Ⅳ、Ⅴ 0.085、Ⅵ 0.070			
5. バリアフリー性	1. 部屋の配置	等級3	×	平面図
	2. 段差の解消	等級3	×	平面図
	3. 階段の安全性	等級3	×	階段詳細図
	4. 手すりの設置	等級3	×	平面図
	5. 通路・出入口の幅員	等級3	×	平面図
	6. 特定寝室の大きさ	等級3	○	平面図
	7. 浴室・便所の大きさ	等級3	×	平面図
6. 防耐火性	【必須項目】			
	1. 感知警報装置設置	等級2	×	平面図
	2. 消火器(無い場合)	設置	×	平面図
	【努力項目】			
	1. 建築基準法と同等の性能	確保	○	

(得点)
1. 劣化対策　0.42　(○の数/7)
2. 耐震性　0.00　(一般：○の数/2、伝統：○の数)
3. 維持管理・更新の容易性　0.40　(○の数/5)
4. 省エネルギー性　0.00　(○の数/2)
5. バリアフリー性　0.14　(○の数/7)
6. 防耐火性　0.00　(○の数/2)

必須項目総合評価

住宅性能達成証明書　改修後　AFTER

工事名称	I邸改修工事
所在地	大阪府藤井寺市
構造・規模	木造・2階建て
延床面積	86.27 ㎡　26.10 坪
証明者（住宅医）	三澤康彦
資格	1級建築士　第139798号
証明書作成年月日	2012/1/
延床面積	86.27 ㎡

建物写真（外観）

建物写真（内観）

特記事項

耐震性や住環境の改善を中心にリフォームを行った。外壁は既存の状態が良好であったため、上から再度吹付けを行った。
屋根に関しては比較的きれいな状態で残っていたため既存のまままとした。
構造材は欠損の大きい柱のみ交換し、極力既存利用した上で、必要な個所に補強を行った。
内部の仕上げに関して、床はカラマツの無垢フローリング、壁・天井は珪藻土クロス張りとした。
結果としてすべての必須評価項目について、目標を達成することができた。

性能項目	評価項目	目標レベル	合否	添付書類（No. 名称）
1. 劣化対策	【必須項目】			
	1. 全体の劣化低減係数:D	1.0	〇	耐震診断書
	2. 壁の劣化低減係数:Cdw	1.0	〇	耐震診断法劣化書
	3. 独立柱の劣化低減係数:Cdc	1.0	〇	劣化度記入図
	4. 浴室・脱衣室の防水	等級3	〇	
	5. 床下の防湿・換気	等級3	〇	立面図・基礎伏図
	6. 小屋裏換気	等級3	〇	立面図
	7. 床下・小屋裏空間毎に点検口	設置	〇	平面図
	8. 床下内法高さ	330mm以上	〇	断面図
	【努力項目】			
	1. 外壁の軸組等の防腐・防蟻	等級3	×	
	2. 土台の防腐・防蟻	等級3	×	
	3. 地盤の防蟻	等級3	×	
	4. 基礎の高さ	等級3	×	
2. 耐震性	【一般住宅の場合】			
	1. 上部構造評点（一般診断法）	1.0以上	〇	耐震診断書
	2. 建築基準法と同等の性能	確保	〇	耐震診断書
	【伝統的構法・基礎補強なしの場合】			
	1. 上部構造評点（一般診断法）	1.0以上	該当なし	
3. 維持管理・更新の容易性	1. 配管方法の基準	等級3	〇	給排水設備図
	2. 地中埋設管の基準	等級3	〇	給排水設備図
	3. 排水管の基準	等級3	〇	給排水設備図
	4. 配水管清掃のための措置基準	等級3	〇	給排水設備図
	5. 配管点検口	等級3	〇	給排水設備図
4. 省エネルギー性	1. 熱損失係数(Q値)	3.45	〇	Q値μ値計算書
	基準値：Ⅰ1.70、Ⅱ2.30、Ⅲ2.85、Ⅳ3.45、Ⅴ3.65、Ⅵ5.90			
	2. 夏期日射取得係数(μ値)	0.085	〇	Q値μ値計算書
	基準値：Ⅰ、Ⅱなし、Ⅲ、Ⅳ、Ⅴ0.085、Ⅵ0.070			
5. バリアフリー性	1. 部屋の配置	等級3	〇	平面図
	2. 段差の解消	等級3	〇	平面図
	3. 階段の安全性	等級3	〇	階段詳細図
	4. 手すりの設置	等級3	〇	平面図
	5. 通路・出入口の幅員	等級3	〇	平面図
	6. 特定寝室の大きさ	等級3	〇	平面図
	7. 浴室・便所の大きさ	等級3	〇	平面図
6. 防耐火性	【必須項目】			
	1. 感知警報装置設置	等級2	〇	平面図
	2. 消火器（無い場合）	設置	〇	平面図
	【努力項目】			
	1. 建築基準法と同等の性能	確保	〇	

必須項目総合評価

（得点）
1. 劣化対策　1.00　（〇の数/7）
2. 耐震性　1.00　（一般：〇の数/2、伝統：〇の数）
3. 維持管理・更新の容易性　1.00　（〇の数/5）
4. 省エネルギー性　1.00　（〇の数/2）
5. バリアフリー性　1.00　（〇の数/7）
6. 防耐火性　1.00　（〇の数/2）

Case 2

築年数が浅くても使い勝手の良さを追求、耐震・断熱の性能向上に努めた住まい
〈カンマキの家〉

　この家は、阪神・淡路大震災後に新築された築16年と築年数が浅い住宅である。住み手は、洗濯機から物干場までが遠い、LDKの使い勝手が悪いなど、家事動線の悩みを日頃から抱えていた。加えて、耐震性に対する不安、暑い寒いが顕著であることを理由に、性能向上リフォームに踏み切った事例である。

建物データ

建物名称	カンマキの家
家族構成	夫婦、息子
所在地	奈良県
延床面積	103.09㎡（1階60.45㎡、2階42.64㎡）
リフォーム面積	103.09㎡
構造・規模	木造軸組み、2階建て
工期	2013年11月〜2014年3月
工事費	1,200万円（設計料・税込）
設計	トヨダヤスシ建築設計事務所
施工	（株）じょぶ
左官	豊田工業所

改修後のファサード

開口を天井まで上げ、冬の日射熱利用を試みる

明るいダイニングに改修

　調査のため、ご自宅に訪問したが、外観は思っていたよりきれいで表向き不具合はなさそうである。しかし、小屋裏等に潜って家を詳細に調査してみると、筋交いには金物がついておらず、柱が未乾燥であったためか反りによるクロスのヒビ割れがあり、サッシも建て付けが悪くなっていた。断熱材も施工精度が悪く、所定の性能がでていない上、壁に充填されたグラスウールに黒ずみがあり、内部結露によるカビ、または、壁内気流による汚れによるものだと予想できた。

　調査の結果、耐震性が思ったより悪く、建物一部のみの補強だと住み手の不安要素が改善できない可能性があると診断した。省エネルギー性は、断熱材の性能不足と機能不全が要改修項目にあがり、改修を行う際の防露対策も重要であった。劣化・維持管理・火災・バリアフリーは、目立った問題はなく可能な範囲で性能向上させるのがよいという診断結果となった。

　住み手の希望予算は1,000円万以下であったため、比較的きれいな状態で残っている外壁と屋根は既存を活用し、室内から耐震・断熱補強が行える鋼板サンドイッチパネルを採用し改修を行った。このパネルは、床や天井をできる限り残して補強できる上、表面が鋼板であることから防露対策が可能だ。とくに、通気層がない外壁を残して改修する場合に有効である。パネルを壁に張った後は、鋼板面を左官素材や和紙等で仕上げた。

　築30〜40年経過した建物の耐震性が今の基準より劣るのはごく自然なことであるが、今回の事例では、築浅の物件でも詳細調査し性能を定量化することで、思ったより低い評価であったことがわかる。結果として「築浅であるから安心」と、安易に考えるのは危うさがあり、まずは、どんな建物でも詳細調査を行い、性能を定量化・診断し、その上で治療方法を提示するのが重要である。

①玄関
開き扉を開ける際、1歩下がると段差があり危険だった。庭への通路が確保できていない

②洗面室
洗濯、洗面、脱衣を一室で行っていたが、それぞれの使い方を整理し、配置し直した

③キッチン
リビングダイニングに背を向けて作業する形となってしまい、収納量も少なかった

Before

1階平面図　1:200　　　　　　　　2階平面図

④リビング
落ち着いた色の内装だったが、昼間でも暗い室内となっていた

⑤ダイニング
室内は暗く、カウンター型で家族が向かい合うこともできなかった

⑥和室2、洋室2
床座のライフスタイルに合わず、空間を有効利用できなかった

①玄関
出入りがしやすい木製建具の引き戸に変更。木製塀を設けて玄関から庭への通路を確保した

②洗面室
洗濯は物干場近くのウォークインクロゼットで行い、浴室前に脱衣室を設けた。洗面は玄関・廊下と一体にし、手洗いも兼ねるようにした

③キッチン
キッチンから様子が見える対面キッチンとし、リビングからダイニングへの動線も整理した

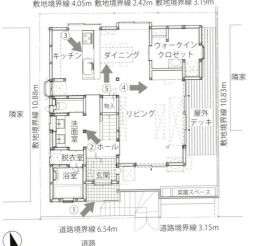

1階平面図　1:200　　2階平面図

④リビング
開口部を大きく取り、内装に明度の高い左官素材を採用。暗い印象のリビングを明るく開放的な空間とした

⑤ダイニング
テーブル型につくりかえた。また、窓の配置を考慮し、家族が明るい場所で食事ができるよう計画した。壁の仕上げは、鋼板の上に左官素材を塗っている

⑥夫婦寝室
和室と洋室をワンルームにした。南面・東面の開口部は、視線を遮りながら、断熱補強や日射量の調整が行えるように断熱ブラインドを設けている

家の詳細調査に着手。
住み続けるための安心と心地良さは、見えない部分＝骨格の見直しから。

〔 リフォーム工事の実際 〕

詳細調査の様子

2階床梁調査
2階和室の床が少し傾いているため、床梁の状態を確認した

小屋裏調査
目立った雨漏りはない。断熱材はグラスウールが敷かれていた

床下調査
乾燥しており健全である。畳の下は断熱材がなかった

鉄筋探知機による調査
基礎にクラックを発見。20〜30cm程度のピッチで鉄筋探知機が反応した

耐震性のための構造補強

釘留めされていない筋交い
筋交いが釘で固定されず金物も付いていないことが調査でわかった

火打ち金物補強
床構面を増強するため、火打ち金物を6畳程度の範囲で取り付けた

基礎クラック補修
クラックに、エポキシ樹脂を注入し雨水の浸入を防いでいる

床勝ち補強金物
壁に使った鋼板サンドイッチパネルの補強金物。このパネルは、床がある状態で壁の補強ができる

内張りによる耐震断熱補強
鋼板サンドイッチパネルを使い、外部は触らず内張りでの耐震・断熱補強を行った

一般診断法により耐震診断を行ったところ、上部構造評点：0.16（倒壊する可能性が高い）という診断結果だった。調査時、筋交いに金物が付いていないことがわかったため、既存の耐力壁の補強をしつつ、新たに鋼板サンドイッチパネルを用いて、上部構造評点：1.17（一応倒壊しない）まで性能を向上させた。鋼板サンドイッチパネルは、所定の仕様とすることで3.4〜7.5（kN/m）の壁基準耐力を付加できる。基礎は、ベタ基礎であるため補強は行わず、クラックが見受けられた箇所のみ、エポキシによる補修を行っている

劣化対策

FRP防水の劣化
バルコニーの劣化が激しく漏水の危険性があったため、ウレタン防水を施した。防水処置後は、劣化対策としてデッキを敷いている

筋交いの不良
解体後の再調査で、換気扇の開口を開けるためなのか、筋交いが40cm程度切断されていることがわかった

防雨未処理部
キッチン換気扇の外部にフードがついておらず、雨水が常に侵入する状態であった

床下点検口・断熱補強
床下や天井裏の状態を確認できるよう、各所に点検口を設けた。断熱補強も忘れずに行っている

維持管理・更新

排水管の処置
べた基礎下の配管をやり変えるのはコストがかかるため、既存のまま利用した。新設の配管は、抜け、たわみが起こらないようにバンドで固定した

バリアフリー

キッチン段差処置
1階キッチンと和室の段差を解消し、バリアフリーとした。また、開き戸は引戸にやりかえ、開き戸下枠の段差をなくした

省エネルギー

ガーデニングスペースのしつらえ
夏の暑さも楽しく暮らせるよう配慮した。木製塀や遮蔽スクリーン、植栽スペースなどを設けた

断熱ブラインドによる補強
リビングの窓を天井いっぱいまで上げ、開口面積を大きくするとともに、断熱ブラインドで断熱・遮蔽措置を行った

壁は、外周部の室内側から鋼板サンドイッチパネル35mm（熱伝導率0.019 W/(m・K)）を張り、天井は高性能グラスウール16K110mm（熱伝導率0.038 W/(m・K)）を二重に敷き、床にフェノールフォーム60mm（熱伝導率0.019 W/(m・K)）を敷き込んだ。また、床下からの気流止めとして、グラスウールを詰めるなどして配慮した。開口部は、主たる居室をアルミシングルサッシから、アルミ樹脂複合サッシ・Low-Eペアガラスに変更し、断熱性の向上を計った。既存浴室は、内部からの施工が難しいため、外部から鋼板サンドイッチパネルによる外張り断熱を行いつつ、浴槽裏面に発泡ウレタンを吹き付けた。主たる居室の南・東面開口部には、ハニカム構造の断熱ブラインドを取り付け、断熱性の向上と日射遮蔽措置を行った。結果、Q値は4.95W/㎡・Kから3.17W/㎡・kまで性能向上させることができた

既存浴槽発泡ウレタン断熱補強
既存浴槽の外側に吹付けし、湯が冷めにくくなるよう配慮した

気流止め
床下からの隙間風を防ぐために、余ったグラスウールを床の隙間に詰めている

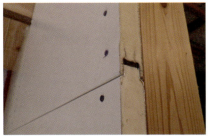

鋼板サンドイッチパネルの採用
鋼板の間にポリイソシアヌレートフォームを吹き込んだパネル。表面が鋼板なので、壁内結露対策としても有効である

既存断熱材の状況
グラスウールの端部が閉じられていないため、内部が黒ずんでいた

火災時の安全性

警報装置の追加
改修前は火災感知警報装置がリビングにしか取り付けられていなかったため、キッチン・階段上・寝室にも設置した

環境家計簿

過去1年間のエネルギー使用量の調査

建物を改修するにあたり、過去1年間のエネルギー使用量を調べた結果、一般的な家庭よりエネルギー使用量は少なく、上手に節約できている家庭ということが分かった。ガスは、プロパンガスであることもあり、使用量に対してガス代が高いことを気にされていたため、「エコキュート」を採用することになった。住み手に入居後の光熱費を確認すると、改修前よりさらに光熱費は下がっているとのこと。節約一家が、「見える化」された家に住むことでエネルギーに対する意識が大きく変わったようである

Case 3

寒い(断熱)・弱い(耐震)・動きにくい(使い勝手)、問題を抱えた中古住宅を改修し、セカンドステージを楽しく過ごす
〈奈良左京の家〉

築18年の建売住宅のリフォームである(平成6年建築)。
　比較的新しい建売であったが、家事動線など目に見える不具合だけでなく、隠れたところにも耐震や断熱に多くの問題を抱え、急ぎリフォームを必要とする住まいであった。家でゆっくり過ごす時間が増える50～60歳代の家族が、これから気持ち良く暮らしていくためのリフォームである。

建物データ	
建物名称	奈良左京の家
家族構成	夫婦、息子
所在地	奈良県奈良市
延床面積	114.27㎡(1階64.59㎡、2階49.68㎡)
リフォーム面積	114.27㎡(34.56坪)
構造・規模	木造軸組、2階建て
工期	2012年11月～2013年1月
工事費	1,293万円
設計	暮らしの設計ツキノオト　船木絵里子
施工	(株)ツキデ工務店

ホールからLDKへの出入口をガラス引戸とガラス欄間としたことで、家の中央が明るく広く感じられるようになった。玄関やホールに収納を増やしてすっきりさせ、お気に入りの美しいピアノを置いて見た目も楽しんでいる。和室との入口は上品なワーロン障子にしてゆるやかに仕切る

リフォームのきっかけは、奥さんの「もう少し暮らしやすくしたい」という思いからであった。築5年の中古住宅を購入し、暮らして13年になっていたが、家事をする上で使い勝手が悪く、さらに冬の寒さと底冷えが厳しく、奥さんは体調が優れない日が続いていた。ご主人は家の耐震性能や断熱性能に疑問を抱かれており、まずは詳細調査からスタートした。

調査を始めてみると、築年数が浅いにもかかわらず耐震・断熱ともに不具合が多くあることがわかり、リフォームでは、性能の改善を図ると同時に、間取りや動線も改善することになった。

改修前のビニルクロスや木目調シートといった新建材は息苦しく、間取りは細かく分断されて、どこも行き止まりで動線の悪さが目についた。とくにキッチンから洗面への遠まわり、リビングと和室の分断、ホールから入った正面に丸見えのキッチンなど、プランには問題が多くあり、収納も不足していた。

これらを暮らしやすい住まいにするために、とくに将来の生活を見越し、高齢になったときには1階のみでも生活ができるように、1階を重点的にリフォームしている。

1,300万円程度という予算で収めるために2階の間取りや内装のリフォームは最小限にとどめたが、耐震・断熱・劣化といった性能の向上については2階も併せて改修し、漏水のあった屋根や外壁も改修した。

1階の間取りはできるかぎり2wayの動線を確保し、回遊できるプランにリフォームした。キッチンから洗面へ直接行き来ができ、さらには階段やトイレへも通じている。サービスの北デッキ、物干しの南デッキと2つのデッキをつくり、LDKのどこからでも庭を美しく眺めることができる。リビングのPCコーナーからは和室にも出入りができ、暮らしやすい間取りに改善した。

①和室
寝室としても利用するには収納が足りず、片付かない

②キッチン
LDKの入口から丸見えで、使い勝手も悪かった

③リビング
パソコンやAV機器が床に置かれて掃出し窓を塞ぎ、収納も不足

Before

1階平面図　1:150

④トイレ
幅が狭い上に、ドアが邪魔になっていた

⑤洗面室
収納が足りず窓もなく、家事動線も悪かった

⑥浴室
タイル張りも割れており、断熱もなく非常に寒い状況

①和室
収納を増やして障子を移動させたことで、すっきりと広く使えるようになった

②キッチン
手元を隠す背板を付けたアイランドカウンター

③リビング
LDKを見渡せる、落ち着いたPCコーナーやAVコーナーを設置

After

1階平面図　1:150

④トイレ
引戸に変えて開口幅を広くし、ニッチを設けて空間を広く明るく

⑤洗面室
収納を増やし、キッチン側とトイレ側の2wayの動線に

⑥浴室
断熱を入れ、ハーフユニットと檜板の温かみのあるお風呂に

新築の考え方とは異なるリフォームの極意。
それは調査・診断から始まる。

〔リフォーム工事の実際〕

事前調査

住み手への事前ヒアリングで、冬の寒さが尋常ではないことと、間取りや動線や収納への不満が大きいことがわかった。また、完成時の検査済書は役所にも存在せず、基本的な耐震性能などの構造の不備も危惧された。リフォームにあたっては各補助金を調べ、省エネとバリアフリー工事にエコポイントが、奈良県産材の使用や外装リフォームに県の助成金が出ることを確認した。詳細調査は設計から3名、工務店からは現場監督と各設備業者に来てもらった

耐震調査・診断（Before）

重点的に、小屋裏、床下を調査した。点検口のなかった床下や1階天井は押入や畳下のベニヤを450mm角で切り欠いて進入し、胴差まわりも確認した。基礎は鉄筋コンクリートだったが、上部木構造はきわめて脆弱であった。耐力壁の筋交いは量も少なく配置バランスも悪い上に、留付は簡単な釘打ち1本のみ。接合金物は不足し、部材は細く、束などの部材自体が足りていない箇所もあった。小屋裏には筋交いや合板張りといった補強は一切なく、水平構面はわずかな火打梁しかなく、面材が張られたところは全くなかった。
これらの結果を受け、一般診断法による耐震診断を行ったところ、1.0以上あるべき構造評点が0.07〜0.36となり、倒壊する可能性が高く、耐震補強は緊急の課題となった

釘打ち1本だけの筋交い

束を入れ忘れたのか？

階	方向	強さ P (kN)	配置 E	劣化度 D	保有する耐力 Pd (kN)	必要耐力 Qr (kN)	上部構造評点
2F	X	11.87	1.00	0.70	8.31	23.28	0.36
	Y	8.24	0.30		1.73		0.07
1F	X	19.28	1.00	0.70	13.49	56.36	0.24
	Y	21.01	1.00		14.70		0.26

上部構造評点	判定
1.5以上	倒壊しない
1.0以上〜1.5未満	一応倒壊しない
0.7以上〜1.0未満	倒壊する可能性がある
0.7未満	倒壊する可能性が高い

解体後の再調査

着工後、内装材などを解体した時点で、構造や劣化については必ず再調査を行っている。工事前の非破壊調査では見えなかった未調査のところを重点的に調査する。当建物では、構造設計事務所の(有)ワークショップ・安江一平氏に見に来てもらい、設計時に想定できていなかったことは、構造補強の追加・変更を行った。とくに今回は2階床梁・胴差に未調査部分が多かったため、梁の掛け方や補強方法を検討し直した。また、床板をめくると基礎のアンカーボルトが全く足りていないことが判明し、現場でケミカルアンカー打ちを追加している

解体後の再調査

耐震補強工事（After）

○基礎と土台

基礎にクラックや鉄筋露出があった箇所はモルタル補修をし、アンカーボルトの足りない箇所にケミカルアンカーを追加した

○接合金物と合成梁

柱頭柱脚金物や、梁の羽子板ボルトなどは適宜、追加施工した。梁の補強が必要となる箇所は、下から新設梁を抱き合わせ、両面から構造用合板を釘打ちして合成梁をつくって補強した

○耐力壁　　○水平構面と小屋組の補強

水平構面の剛性がなかったため、小屋梁に構造用合板厚さ24mmを釘打ちして固めた。これを小屋裏収納としても利用する。脆弱だった小屋組にもクモ筋交いや合板張りを入れて補強している

既存の釘打ちの筋交いはそのまま残し、耐力壁はすべて構造用合板厚さ9mmか石膏ボード厚さ12.5mmの面材耐力壁を増設した

○改修後

階	方向	強さ P (kN)	配置 E	劣化度 D	保有する耐力 Pd (kN)	必要耐力 Qr (kN)	上部構造評点
2F	X	23.93	1.00	1.00	23.93	23.28	1.03
	Y	23.35	1.00		23.35		1.00
1F	X	56.95	1.00	1.00	56.95	56.36	1.01
	Y	60.59	1.00		60.59		1.08

上部構造評点	判定
1.5以上	倒壊しない
1.0以上～1.5未満	一応倒壊しない
0.7以上～1.0未満	倒壊する可能性がある
0.7未満	倒壊する可能性が高い

耐震補強工事の結果、改修前には倒壊する可能性が高かった評点が、改修後には1.0以上に上がり、「一応倒壊しない」というレベルまで耐震性能が向上した

温熱調査・診断（Before）

断熱は天井・壁にグラスウール厚さ50mmのみと不足しており、床に至っては無断熱であった。サッシはすべてシングルガラスで冬の寒さを裏付ける結果であった。熱損失係数の計算では、当建物は平成4年の新省エネルギー基準にも満たず、とくに床とサッシの断熱の不足が激しく、冬の気温が低い当地では喫緊の対策が必要となった

無断熱の床下

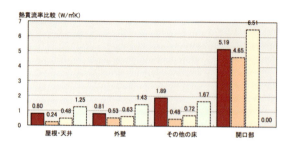
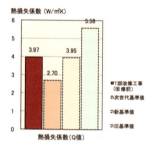

断熱工事（After）

床下と浴室の土間にスタイロフォーム3種厚さ50mm同等以上を敷設した。外壁と天井には既存断熱のグラスウール厚さ50mmの上に、さらにグラスウール厚さ50mmを重ねて充填した。サッシは、ガラスをペアガラスに交換したり内窓を追加するなどの対策を行った。
この断熱補強により、以前は3.97W/㎡Kであった熱損失係数が、2.35W/㎡Kまで下がり、次世代省エネルギー基準を満たす断熱性能となった

床下断熱

外壁断熱

小屋裏断熱

内窓

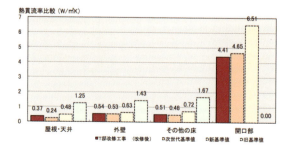
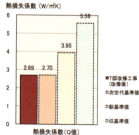

劣化調査・診断（Before）

屋根軒裏に雨漏り痕、小屋裏野地板に雨染みが見つかり、屋根葺替えの際に補修する必要があった。また、外壁に面した柱にも水シミがあり、外壁のコーキング割れからの漏水であった。窓枠にも水シミや突板のハガレがあり、これはサッシの結露水による劣化と考えられた。浴室タイルにもクラックが見つかるなど、全体的に漏水に対する対策の必要性がわかった。一方で、構造材に腐朽や蟻害は見られず健全であったので、今のうちに劣化への対策を講じておきたいところである

小屋裏の雨ジミ

軒裏の雨漏り痕

劣化対策（After）

外壁の防水コーキングやクラックはこまめに10〜15年に1回程度、点検・補修をしたほうがよい。今回、外壁は全面再塗装をする前に、コーキング打替えとクラックのシリコン補修も行った。また、室内のリフォームにあわせて、床下や天井や小屋裏など各所に点検口を増設している。劣化の見られたポーチの独立柱やデッキは、水が溜まりにくい納まりに変えて、劣化対策をした。雨漏りのあった屋根と軒裏部分は、適宜、屋根材の交換や下地の葺き替え、板金巻きなどの対策を講じた

クラック補修

ポーチ柱に柱脚金物を取り付ける

天井点検口を新設

おわりに

　私もかつて、リフォームの依頼があった際に「住み手に喜ばれる内容で、設計者としてどのような指針を持つか」ということを探していた設計者のひとりでした。ずっとその答えが無い中、東京で行われた第1回住宅医スクールに出合い、リフォームにどのような指針で取り組むのかを学びました。その上、進めていた住宅リフォームにタイミング良く国土交通省の助成金を受けるチャンスを得て、建物の詳細調査から取り組むことができました。その結果、住宅医として協会から認定をいただくまでになりました。

　もし、自分のようにリフォームの指針がわからず迷い悩んでいる人が大勢いて、諸事情でスクールに通うことが叶わない、もしくは知ることのない状況があるとしたら、私が得た経験や方法を広く伝えたいと考え、この本をまとめました。この本をとおして、設計者として得るものがあるとしたら、こんな嬉しいことはありません。これからは、迷うことなく「あなたのリフォーム」に活かして欲しいと思います。

この本を書くにあたって、大勢の専門家の知識・経験・努力で蓄積された住宅医協会の指針を、広く公表することを快く承諾してくださった三澤文子氏に心から感謝します。彼女の、リフォームという拠り所のない世界のスキルアップ普及に傾ける信念と超人的なモチベーションには敬服するしかありません。リフォームは決して小手先の仕事ではない、という住宅医の社会活動のムーブメントになっています。住宅医協会を誠実に支える滝口泰弘氏をはじめとして、事例を紹介してくださった住宅医の皆さん、事務局の方々にも感謝します。

　また、この本で紹介したT邸を竣工に導いてくれたのは、かしの木建設社長、吉田監督、いつも設計者の底上げに尽力してくださる山辺構造設計の山辺氏、鈴木竜子氏のチームワークのお陰です。

　そして、誰より根気強く寄り添ってくれた編集部の大塚由希子氏に多謝。

2014年12月
田中ナオミ

編者略歴　田中ナオミ（たなか なおみ）
1級建築士、NPO法人家づくりの会理事、一般社団法人住宅医協会認定住宅医

1963年生まれ。女子美術短期大学造形科卒業。
エヌ建築デザイン事務所、藍設計室を経て
1999年田中ナオミアトリエ一級建築士事務所を設立、現在に至る。

最近の仕事に「所沢N邸」「SH邸」「S邸」ほか多数。
主な共著書に『人生これから100年超！老いの発想で家づくり』NPO法人家づくりの会（彰国社）
『センスを磨く間取りのルール』NPO法人家づくりの会（エクスナレッジ）
『心がときめく部屋づくりアイデア図鑑』NPO法人家づくりの会（エクスナレッジ）
『最高の外構をデザインする方法』NPO法人家づくりの会（エクスナレッジ）
『間取りプランのつくり方』NPO法人家づくりの会（ナツメ出版）

著者略歴　田中ナオミ（同上）

一般社団法人 住宅医協会
既存ドックシステムの普及開発や住宅医スクールの開催等を通じて、既存住宅の調査診断、改修、維持管理に関する技術開発と人材（住宅医）育成を行っている。2008年に実務者や学識者の有志により立ち上げた住宅医ネットワークを前身として、2014年に一般社団法人住宅医協会を設立（会長：中島正夫／関東学院大学）。2014年現在、認定住宅医（約50名）、住宅医スクール修了生（約150名）。

住まいも健康診断すれば長生きできる！
住宅医のリフォーム読本
2015年2月10日　第1版　発　行

著作権者との協定により検印省略	編者　田中ナオミ 発行者　下出雅徳 発行所　株式会社　彰国社 162-0067　東京都新宿区富久町8-21 電話　03-3359-3231（大代表） 振替口座　00160-2-173401

自然科学書協会会員
工学書協会会員

Printed in Japan
© 田中ナオミ（代表）　2015年

印刷：壯光舍印刷　製本：誠幸堂

ISBN978-4-395-32033-2　C3052　　http://www.shokokusha.co.jp

本書の内容の一部あるいは全部を、無断で複写（コピー）、複製、および磁気または光記録媒体等への入力を禁止します。許諾については小社あてにご照会ください。